Ilka Peemöller

HEIMAT

GOLDMANN
Lesen erleben

Für Mutsch & Papa,
die mir Wurzeln und Flügel geschenkt haben

ILKA PEEMÖLLER

»HEIMAT

Wo das Herz zu Hause ist

35 Prominente erzählen ihre ganz persönliche Geschichte

Mit Fotos von Philip Nürnberger

GOLDMANN

Inhalt

Vorwort

Heimat – nicht nur ein Wort, viel mehr ein Sehnsuchtsbegriff. Heimat ist dort, wo ich mich willkommen fühle. Und geborgen, geliebt und verstanden. Zu wissen und zu spüren, woher man kommt, gehört zu den ursprünglichsten Bedürfnissen und Wünschen eines jeden von uns. Das sind die ersten Erfahrungen als Kind, das sind Gerüche und Geschmäcker, das ist das Elternhaus, das sind Freunde von damals, das sind Traditionen. Eine Liebe oder Hassliebe. So oder so – immer ein Gefühl. Das ganz tief sitzt und sich nicht abstreifen lässt – ganz egal, wie weit es einen in die Welt hinaus treibt.

Manche müssen der Heimat erst den Rücken kehren, um sie am Ende (der Welt) wieder spüren zu können. Manche kehren zurück, manche nie wieder. Weil sie nicht wollen oder weil sie nicht können. Für einen Heimatlosen gilt dasselbe wie für einen Heimatsuchenden: Jeder von uns – egal von welcher Nationalität, egal von welchem Geschlecht, ob behütet oder sich selbst überlassen, ob reich oder arm – hat das innige Bedürfnis nach Halt und Sicherheit. Vor allem in der heutigen Zeit ist der Wunsch nach Gemeinschaft und Verbundenheit größer denn je.

Das Gefühl für Heimat verbindet! Und gleichzeitig ist Heimat etwas, das jeder Einzelne für sich selbst definiert: »Heimat kann man nicht vererben. Sie ist in meinem Kopf. Und sie ist in meiner Seele«, hat Schriftsteller Horst Bienek gesagt.

Bei Heimat gibt es kein Schwarz oder Weiß. Jeder von uns ist einzigartig, jeder von uns ist vollkommen, genau so, wie er ist. Und das vereint uns. Genau wie die Sehnsucht, unsere ganz persönliche Heimat zu verorten – sei es geografisch oder emotional.

In diesem Buch gewähren uns 35 Prominente private Einblicke in ihre Heimatgeschichte und Erlebniswelt. Jeder Einzelne findet eigene Antworten darauf, was Heimat bedeutet, was Identität und Individualität ausmachen. So entfaltet sich ein buntes Panorama aus persönlichen Stimmen und Stimmungen zu einem der bewegendsten Themen unserer Zeit.

ILKA PEEMÖLLER

Udo Lindenberg

ROCKSTAR

»Wo ich meinen Hut hinhäng', da ist mein Zuhause

Heimat ist für mich nicht ortsgebunden, es ist mehr seelenverbunden. Ich fühle mich immer da beheimatet, wo ich schöne Seelen treffe. Auch alte Seelen, seit Jahrhunderten und Jahrtausenden vertraut – Seelen, die nach vorne wehen, in eine fairere Zukunft für alle Planeten, Lebewesen, Menschen und unsere Freunde, die Tiere. Begegnungen sind meine Heimat, kein Gebäude, keine landschaftliche Idylle. Die Menschen, in deren Freundschaften ich wohne. Es ist der Moment, in dem die eine Seele die andere durch die Sonnenbrille erkennt. Egal wo auf der Welt, ich reise ja bekanntlich gern und viel in der Gegend rum.

Das muss nicht immer der Lindische Ozean sein, so fühle ich mich in einem kleinen Örtchen in Baden-Württemberg am zu Hausesten: in Calw, der Heimatstadt von Hermann Hesse. Schon in jungen Jahren war er ein großer Inspirator für mich. Er setzte wichtige Impulse und Orientierungen, seine Haltung gegen den Nationalismus und seine Vorstellung vom eigenen Weg – das kickte alles schon sehr früh bei mir rein. Keinem anderen Schriftsteller fühle ich mich deshalb bis heute so verbunden wie ihm. Meine Stiftung will seine Dichtkunst mit moderner Musik verbinden und humanitäre Projekte in Afrika supporten. Deshalb veranstalten wir seit 2008 den Panikpreis zur Nachwuchsförderung und ihm zu Ehren einmal im Jahr das Hermann-Hesse-Festival.

Kulturelle Identität finde ich gut – wie Goethe, Beethoven, Schiller und Brecht als Vermächtnis für Weltoffenheit, Freiheit, Gleichheit, Brüderlichkeit. In diesem Sinne sollte man in die Welt losziehen und Freundschaften schließen. Aber Heimat kommt aus einer Begriffsfamilie mit verwandten Worten wie Vaterland, Stolz, Patrioten – Vorsicht, Nationalgedröhn! Solche Begriffe tauchen in meinem Sprachgebrauch gar nicht auf, da sind noch Schatten von früher dran. Deshalb sage ich auch lieber Mutterland als Vaterland, es heißt ja auch Mutter Erde.

Heimat riecht für mich nach Bier- und Weinsuppe

Ich schlug 1946 in Gronau, im Grenzgebiet zu Holland, auf. Eine Art Niemandsland. Dort kann man noch den kleinen Krater von meinem panischen Aufschlag sehen. Die Fünfzigerjahre waren eine Welt des Schweigens und der Lüge: Denn keiner war dabei gewesen, auch meine Eltern hatten von nichts gewusst, alle albtraumatisiert vom Zweiten Weltkrieg. Dann kam die große Schlagersoße, wir wurden musikalisch zugeschleiert mit Geseiere. Bis wir in den Sechzigern irgendwann mal merkten: Wir erfinden unsere Eigenkultur! Rock'n'Roll und Woodstock brachten internationalen Geist. Weltweiter Spirit gegen Grenzen und für Freundschaften.

Meine Liebe zum Trommeln war als Teenager genauso groß wie meine Liebe zum Randalemachen – als Aufruhrmachen gegen das unerträgliche Schweigen der Nachkriegsgeneration. Meinen Vater Gustav sah ich meist nur nachts. Wenn er aus der Kneipe kam. Dann brauchte er Publikum, stellte sich auf den Tisch und dirigierte »La Traviata«, egal wie schwindelig ihm schon war. Wir Kinder wurden dann geweckt, mussten aufstehen und ins Wohnzimmer kommen und zugucken. Ich kriegte immer einen Schreck, ganz schön verrückt, aber irgendwie mochte ich das – ich bekenne mich selbst ja auch gern zu meiner Verrücktheit. Wenn mein Vater Reste in seinen Alkoholflaschen hinterließ, mischte Mutter Hermine da Mehl und Zucker rein und machte uns daraus entweder eine Bier- oder Weinsuppe. Weil nichts anderes da war, wir hatten keine Kohle. So saßen wir Kinder dann schon leicht zugedröhnt beim Mittagessen. Bis heute ist mir das vom Geschmack so präsent geblieben, deshalb riecht Heimat für mich nach Bier- und Weinsuppe. Ich mochte viel lieber Spiegelei und Spinat, ich wollte schnell groß und stark werden wie Popeye und nichts wie raus in die große, weite Welt.

Man sagt den Westfalen genau wie den Hessen nach, sie seien manchmal etwas stur. Also im positiven Sinne: beharrlich, sie erreichen ihre Ziele, sie sind flexibel in der Gangart, geschmeidig im Anschleichen, aber doch irgendwie charmant penetrant. Ich kenne genauso viele Italo-New-Yorker oder Ostfriesen, die auch eine gewisse Sturheit haben. Aber die Weltoffenheit habe ich, wenn überhaupt, aus Nordrhein-Westfalen. Geprägt durch diese frühe Verbindung zu Amsterdam als Hafenstadt, wo damals schon viel Handel betrieben wurde. Mit zwölf, dreizehn trampte ich schon dorthin, genauso nach Berlin oder bis in die Schweiz, um mir ein Autogramm von Hazy Osterwald zu holen. Hin und zurück war ich drei, vier Tage unterwegs – ich wollte meine Eltern ja auch nicht zu sehr beunruhigen. Für mich war damals schon immer die Straße am interessantesten, die aus unserer Stadt hinausführte. Mein Traum war es, als Trommler die Welt zu bereisen. In Gronau erzählte mir so ein Schiffssteward von seinen Reisen nach New York und in andere Metropolen. Der empfahl mir, wenn ich die

Die Westfalen sind charmant penetrant

weite Welt sehen wollte, sollte ich erst eine Kellnerlehre in einem sehr guten Hotel machen. Dann haute ich mit fünfzehn auch schon zu Hause ab nach Düsseldorf, wo ich eine Lehre im »Breidenbacher Hof« machte – nicht irgendein deutscher Heimathof, sondern ein weltoffener Laden mit internationalen Künstlern und Besuchern. Ein Treffpunkt für Leute aus aller Welt, dort hörte ich das erste Mal exotische Sprachen. Es war gerade die Internationalität, die mich kickte. Schon damals. Ich bin heute ein Internationalist. Bis auf die Südsee war ich inzwischen überall auf der Welt, ich liebe das Meer und die Weite, hinter den Horizont zu gucken.

Heimat darf nicht der Bruder vom Nationalismus sein

Ich habe bereits an verschiedenen Orten Heimatfeeling gehabt: Wo ich meinen Hut hinhäng', da ist mein Zuhause. Genauso finde ich dieses Gefühl in Visionen, wenn John Lennon durch die Wolken sein Vermächtnis runtersingt: »Give Peace a Chance« – fünfzig Jahre nach seinem Hit ist diese Message in einer Welt, die immer mehr aus der Form und Kontrolle gerät, aktueller denn je. Im Geiste der Brüderlichkeit sollen sich die Menschen weltweit verbünden! Schon 1992 sang ich: »Wo du herkommst, ist sowieso egal. Zuerst hast du doch gar keine Wahl. Du fällst vom Himmel, irgendwann-irgendwo, das nennen die dann Heimat oder so … Keine Staaten, keine Nationen mehr!« – das war ein utopisches Lied von mir, dass es irgendwann keine Grenzen mehr gibt. Heimat darf nicht der Bruder vom Nationalismus sein, sondern ein dehnbarer, geradezu globusumspannender Begriff für den neugierigen Weltenbürger und Planetenbewohner.

Das Interview und Shooting fanden mit einem halben Jahr Abstand statt, weil Udolito mittendrin für sein »MTV Unplugged 2« im Studio und auf der Bühne stand. Beide Male traf die Autorin ihn in seinem Zuhause, dem Atlantic in Hamburg, oben in seiner sweeten Suite

Minh-Khai Phan-Thi

SCHAUSPIELERIN

» Ich musste lange einen Spagat zwischen zwei Kulturen machen

Ich bin in Darmstadt geboren, in München aufgewachsen und lebe seit meinem 25. Lebensjahr in Berlin – aber mein Leben lang höre ich immer wieder ein und dieselbe Frage: »Woher kommst du?« Das beinhaltet, dass ich nicht von hier, also aus Deutschland, komme. Dabei bin ich deutsch. Warum fragt niemand: »Woher kommen deine Eltern?« Oder: »Wo sind deine Wurzeln?« Die sind in Vietnam, deshalb ist dieses Land für mich auch meine Heimat. Und weil es mich in meinem ganzen Dasein geprägt hat. Ich war 1978 das erste Mal im Land meiner Eltern. Als ich in Saigon, heute Ho-Chi-Minh-Stadt, aus dem Flieger stieg, fühlte es sich an, als würde ich direkt in ein Dampfbad stapfen. Dazu dieser unverwechselbare Geruch: ein Gemisch aus verbrannten Zweigen, extrem feuchter Luft und Moped-Abgasen.

Um mein Anderssein zu leben, musste ich meinen eigenen Weg finden

Damals war ich vier Jahre alt, und ich erinnere mich noch daran, dass ich mich dort anders gefühlt habe. Die Leute sahen zwar alle aus wie mein Vater und meine Mutter und auch ich, aber ich habe die Sprache nicht gut gesprochen und verstanden. Dazu kam, dass meine Mutter permanent weinte, weil sie nach dem Krieg das erste Mal ihre Verwandten wiedertraf. Und es war ein totaler Schock für sie zu sehen, dass ihre früher so gut situierte Familie alles verloren hatte und ihre Brüder vom Krieg gezeichnet waren: verwahrlost und ausgemergelt. Aus Angst vor den Kommunisten hatte mein Opa seine Praxis – er war damals Arzt in Da Nang in Mittelvietnam – verkauft und war mit seiner Familie in den Süden gezogen. Weil er geglaubt hatte, dass Intellektuelle wie er als Allererste ins Umerziehungslager kommen würden, wenn die Kommunisten die Oberhand gewinnen. Dabei wurden Ärzte, egal wo und zu welcher Zeit, immer gebraucht. An dieser Entscheidung ist er zum Leidwesen meiner Mutter zerbrochen.

Meine Eltern mussten 1969 als Migranten nach Deutschland auswandern, ohne irgendetwas über dieses Land zu wissen. Ich bewundere unglaublich, was sie geschafft haben. Es ist ja nicht so wie heute, wo du dir übers Internet alle Infos mit Google zusammensuchen kannst. Sie kamen nach Deutschland, weil es das einzige Land war, in dem sie keinen Sprachtest machen mussten und aus dem sie schnell wieder hätten ausreisen können. Sie lernten die deutsche Sprache und wollten nach dem Studium – mein Vater ist Ingenieur, meine Mutter Doktorin der Chemie – wieder zurück nach Vietnam. Aber dann wurde meine Mutter mit mir schwanger.

Meine Eltern sind ein gutes Beispiel für Integration. Ich hatte eine deutsche Patentante, der ich sehr viel zu verdanken habe, genauso wie dem deutschen Pfarrer Wendelin Meissner. Weil meine Eltern sich damals noch keine Urlaube leisten konnten, sind wir immer mithilfe eines Förderprogramms der katholischen Kirche weggefahren. Das war eine schöne und gut behütete Zeit im extrem liberalen Hessen.

Mit dem Umzug ins konservative Bayern nach München wurde ich in meinen jungen Jahren das erste Mal mit wahnsinnig vielen Widerständen konfrontiert. Ich hatte als Zehnjährige noch keinen deutschen Pass, weshalb ich anfangs in der Schule nicht benotet werden konnte. Ich hatte das Glück, dass meine Eltern mich schon in Darmstadt auf einem Gymnasium angemeldet hatten, und weil es dadurch nur ein Schulwechsel war, hatte es sich mit der Nicht-Benotung bald erledigt. Wir mussten ständig zur Ausländerbehörde, es wurde uns sehr schwer gemacht. Damals habe ich zum ersten Mal gespürt, was es heißt, keinen deutschen Pass zu besitzen: Ich wurde extrem ausgegrenzt, weil ich anders war. Und dieses Anderssein, das ich als kleines Mädchen in Vietnam empfunden hatte, bekam ich plötzlich in meinem Deutschland zu spüren. Mit der Pubertät wurde es natürlich nicht einfacher, da ist man sowieso so durcheinander mit sich und allem und fragt sich: Wer bin ich, wohin gehöre ich? Die Staatsbürgerschaft, obwohl das für viele nur ein Stück Papier ist, bedeutete für mich damals alles. Ich wollte den vietnamesischen Pass nicht abgeben, obwohl ich dadurch viel durchmachen musste: Wenn wir auf Klassenfahrt nach Österreich fuhren, brauchte

In der vietnamesischen Tradition glauben wir an die Geister, die unter uns sind, die Ahnen

ich nicht nur jedes Mal ein Visum, sondern wurde auch noch an der Grenze rausgezogen und kontrolliert. Vor all meinen Mitschülern, vor allen Reisenden. Ich fühlte mich wie eine Aussätzige, weil ich wie der letzte Dreck behandelt wurde. Und das, obwohl ich ein sauberes und besseres Deutsch sprach als der Grenzbeamte. Mein vietnamesischer Pass wurde von links nach rechts gelesen. Weil der damals noch handgeschrieben war, wurde mir nicht geglaubt, dass das Dokument echt sei. Oder mir wurde vorgeworfen, dass ich in Österreich untertauchen wolle, ebenso wurde ich nach meiner Aufenthaltsgenehmigung gefragt. Ich wurde immer irgendwie für irgendetwas beschuldigt. Und jedes Mal vor einer Reise mit der Schule ins Ausland musste ich mit meinem Vater erst einmal zur Botschaft und ein Visum beantragen, wofür er zudem viel Geld bezahlen musste. Wegen all dieser negativen Erfahrungen habe ich bis heute ein sehr gespaltenes Verhältnis zu den Bayern und Münchnern.

Als ich mit siebzehn meine deutsche Staatsbürgerschaft erhielt, aber dadurch auch gleichzeitig meinen vietnamesischen Pass abgeben musste, war das wirklich schlimm für mich. Gerade in dieser Lebens- und Prägungsphase ist es doch so wichtig, beides sein zu können: weil man zu Hause immer gesagt bekommt, man sei Vietnamesin, aber da draußen deutsch sein will wie die anderen. Ich musste lange einen Spagat zwischen zwei Kulturen machen. Für die Integration wäre es deutlich besser, beide Staatsbürgerschaften zu erhalten. Weil das auch ein Signal aus Deutschland wäre: großzügig zu sein. Ich sitze heute häufig in Integrations-Diskussionen mit irgendwelchen alten Politikern, die keine Ahnung haben, was es eigentlich bedeutet, genau diesen Kampf sein Leben lang aufnehmen und durchstehen zu müssen. Und ich finde, es ist ein Unterschied, auf die Straße zu gehen und »Ich bin Deutsch-Vietnamesin!« zu sagen anstatt »Ich bin Vietnamesin!«.

Es waren harte Jahre, denn als Kind bis zum Teenager-Alter willst du nicht anders sein, sondern ganz genauso wie deine Freunde. Das hat am Ende aber dazu geführt, dass ich so ein starker und selbstbewusster Mensch geworden bin, denn früher war ich eigentlich sehr schüchtern. Dieser Struggle hat mich auf jeden Fall wesentlich verändert, sodass ich mich später in meinem Beruf als Schauspielerin komplett geweigert habe, klassisch asiatisch besetzte Rollen zu spielen – mit schlechtem Deutsch, so wie damals der Gung in der »Lindenstraße«. Weil ich inzwischen sehr lange in diesem Business tätig bin, bin ich allerdings deutlich entspannter geworden. Gott sei Dank hört es jetzt auch auf, dass man in jeder Rolle erklären muss, warum man so gut Deutsch sprechen kann. Das war ja früher quasi in jedem dritten Film so. Inzwischen sehe ich da deutliche Unterschiede und Fortschritte.

Ich musste mein ganzes Leben um Anerkennung in der Gesellschaft kämpfen. Das hat mich sehr geprägt. Und deshalb kann ich diese Wut von Migrantenkindern extrem gut verstehen – wenn man nicht anerkannt ist, ist es das Allerschlimmste, was einem passieren kann. Aus diesem Grund kann ich die Empfindlichkeit von vielen sehr nachfühlen. Ich habe deutsch-eritreische, deutsch-äthiopische, deutsch-asiatische und deutsch-arabische Freunde – wir sitzen alle im selben Boot: Wir müssen seit jeher um Anerkennung kämpfen. Und jeder geht damit anders um.

Ich musste mein ganzes Leben um Anerkennung in der Gesellschaft kämpfen

Seitdem ich in Berlin lebe, was für mich mein Zuhause ist, wurde ich viel vietnamesischer, als ich es in München je hätte ausleben können. Ich habe anfangs etwa ein halbes Jahr wahnsinnig mit der Größe dieser Stadt gehadert, aber dann habe ich mich hier irgendwann so frei gefühlt. Ich war weg von meinen Eltern, hatte plötzlich eine asiatische Clique, einen vietnamesischen Gemüsehändler, eine vietnamesische Blumenfrau. Ich glaube, ich konnte mich hier deshalb so vietnamesisch fühlen, weil die größte vietnamesische Gemeinde Deutschlands in Berlin lebt. Mit dem Umzug nach Berlin und dem Ausleben meiner vietnamesischen Seite merkte ich, dass ich eigentlich gar nicht so zerrissen bin, wie ich immer dachte. Sondern dass ich meinen eigenen Weg finden muss, mein Anderssein zu leben. Deshalb war es genau richtig, aus München wegzugehen, denn diese Engstirnigkeit dort hat mir die Luft zum Atmen genommen.

Wenn man mich fragt, was an mir typisch vietnamesisch ist: Ich lasse Sachen extrem auf mich zukommen. Das können die Deutschen nicht, die wollen immer alles planen. Mein Mann kommt aus Niedersachsen, der tut sich ganz schwer damit, dass ich so spontan bin. Er beäugt immer erst mal alles ganz genau, er tut sich auch mit Veränderungen schwer. Wie übrigens die meisten Deutschen, finde ich. Die Vietnamesen hingegen gar nicht, weil die sich ständig verändern mussten, um überhaupt zu überleben. Typisch deutsch an mir ist meine Pünktlichkeit, darauf lege ich auch ganz besonders viel Wert. Weil meine Eltern wirklich immer unpünktlich sind. Typisch Vietnamesen, die kommen immer mindestens fünfzehn Minuten zu spät. Das hat mich als Kind schon gestresst, darunter habe ich echt gelitten. Freunde meiner Eltern meinten sogar mal: »Ihr kommt selbst zu eurer eigenen Beerdigung zu spät.«

Nach vietnamesischem Brauch spielen die verstorbenen Verwandten eine sehr wichtige Rolle: Wir glauben daran, dass ihre Seelen immer noch unter uns sind. Zu Beginn eines neuen Jahres, das nach unserem Verständnis am Tag nach dem ersten Vollmond beginnt, bekochen wir die Geister, die unter uns sind, die Ahnen. Das sogenannte Tet-Fest, also Neujahrsfest, wird drei Tage gefeiert, egal, ob du in Vietnam oder im Ausland lebst, egal ob du protestantisch oder katholisch bist. Die kleinen Opfergaben sollen für eine gute Stimmung im neuen Jahr sorgen. Meistens feiere ich das gemeinsam mit meinen Eltern. Wir haben bei uns zu Hause einen Ahnenaltar, es gehört zur Tradition, dass man sich am Todestag der Familienmitglieder, die man selbst gekannt hat, davor verneigt. In meinem Fall sind das meine Großeltern und mein Lieblingsonkel. Das ist mir sehr wichtig, dass ich diesen Brauch an meinen großen Sohn weitergebe, dass er es verinnerlicht und auch macht. Ansonsten möchte ich, dass er seinen eigenen Weg findet. Ich habe ihn weder getauft noch jemals in irgendeinen Tempel geschleppt. Er soll selbst entscheiden, genauso wie mein kleiner Sohn später.

Die Wut von Migrantenkindern kann ich sehr gut nachvollziehen

Vietnam ist ganz tief in der buddhistischen Philosophie verankert, wir selber sind aber Katholiken. Es gibt die religiösen Buddhisten, zu denen ich aber nicht gehöre, für mich ist es eine Lebenseinstellung. Ich glaube an Reinkarnation, daran, dass man nicht nur jetzt lebt. Man muss viel dafür tun, dass sich das Karma nicht fortsetzt im nächsten Leben. Ich nenne es Karma-Punkte sammeln, Aufgaben und Probleme zu lösen, die man im vorherigen Leben nicht gelöst hat. Damit kann mein Mann auch so gar nichts anfangen. Finde ich aber in Ordnung, jeder ist anders, man muss sich nur gegenseitig sein lassen.

Für einen Dokumentarfilm über ihre Heimat schrieb die Tochter vietnamesischer Einwanderer das Drehbuch und führte Regie. In Berlin fühlt sich die Schauspielerin zu Hause, dort fand Minh-Khai Phan-Thi auch ihre »fußballerische Heimat« bei Hertha BSC

Lothar Matthäus

WELTFUSSBALLER

»Ob als kleiner oder großer Bub – der Rasen war schon immer meine Heimat

Wenn ich mir dieses alte Schwarz-Weiß-Foto von früher ansehe, kommen all die Erinnerungen wieder hoch: Ich stehe auf einer großen Wiese, links hinter dem Holzzaun, nur dreißig Meter entfernt, war unsere Wohnung mit dem Gemüsegarten meines Vaters. In der Würzburger Straße 11 in Herzogenaurach. Ich war so etwa zwei Jahre alt, ein kleiner Charmeur, und habe dort für meine Mama gern Blumen gepflückt. Und sehr oft mit meinem vier Jahre älteren Bruder Wolfgang gegen den Ball getreten. Meistens nachmittags nach der Schule. Dieser Rasen war mein erster Trainingsplatz, Bolzplätze gab es zu dieser Zeit noch nicht. Ob als kleiner oder großer Bub – der Rasen war schon immer meine Heimat. Und wenn mein Vater dann am Wochenende mal Zeit hatte, was sehr selten vorkam, hat er auch mit uns Fußball gespielt. Das war unsere einzige Gemeinsamkeit.

Ich habe sowieso sehr wenig Zeit mit meinen Eltern verbracht. Nicht, weil sie nicht wollten, sondern weil es bei ihnen einfach nicht ging. Sie waren beide einfache Arbeiter, haben von morgens bis abends Geld verdient. Natürlich musste sich die Mama auch um den Haushalt kümmern: Betten und Heimarbeit machen, bügeln, kochen, was eben dazugehörte. Insofern war ich schon sehr früh auf mich allein gestellt. Ich hatte nur sehr wenige Momente in der Woche, die ich mit meinen Eltern verbringen durfte. Das war dann auch nur in der Wohnung, nicht außerhalb, das ging nur samstags oder sonntags – deshalb kann ich mich daran noch so gut erinnern, dass das meine erste Wiese zum Fußballspielen war.

Direkt neben unserem Zuhause, in der Würzburger Straße 13, war Puma. Dort war mein Vater circa vierzig Jahre Hausmeister, meine Mutter circa dreißig Jahre Heimarbeiterin. Sie hat jeden Tag sechs bis acht Stunden die Streifen auf die Schuhe genäht. Plus Haushalt, plus zwei Kinder, plus Essenkochen für die Familie. Meine Mama war mindestens genauso fleißig wie mein Vater. Ich sage sogar: Sie war noch fleißiger! Von beiden habe ich Disziplin und Ehrgeiz mitbekommen. Dafür bin ich von meinen Eltern ein bisschen zu wenig in den Arm genommen worden. Gut, das war damals auch die Zeit, das war anders. Vielleicht ist es auch ein bisschen die fränkische Mentalität. Wir Franken gehen nicht gerade wie die Italiener aufeinander zu und umarmen uns, wir sind eher knorrig. Die fränkische Mentalität ist geradlinig, kernig und nicht unbedingt immer charmant. Bei mir kommt auch immer mal wieder was Heimisches mit dieser Art durch.

Meine Eltern kommen selbst aus einer Arbeiterfamilie. Sie sind beide Dreißiger-Jahrgänge, haben den Krieg miterlebt und überlebt. Mein Vater ist aus Polen nach Deutschland gekommen, er wurde in Südschlesien geboren und ist 1944 mit seiner Familie mit dem Zug geflüchtet, als die Russen kamen. Er wurde dann in Herzogenaurach positioniert. Ich rechne meinen Eltern bis heute hoch an, dass sie auf vieles verzichtet haben, um uns Kindern das Bestmögliche zu geben. Sie haben jeden Pfennig umgedreht und nur das Nötigste ausgegeben. Bis heute sind sie sehr, sehr sparsam, obwohl sie es gar nicht mehr sein müssten. Früher gab es am Sonntag eine Tafel Schokolade, mein Vater hat uns zuliebe verzichtet, die Milka wurde unter uns dreien aufgeteilt. Das war ein Highlight, das hat mich sehr geprägt. Genauso, dass wir zu Hause immer mit anpacken mussten, wir hatten immer unsere Pflichten.

Ich war neun Jahre alt, als wir ein neues Haus gebaut haben. Wir als Kinder, angehende Jugendliche, mussten samstags acht Stunden Backsteine und Sandsäcke schleppen. Wir wurden immer sehr eingespannt. Das war eben so, wir wurden auch nicht gefragt. Das ging anderthalb bis zwei Jahre, dann sind wir von dieser wunderschönen Wiese weggezogen. Wir sind schon behütet, aber nicht allzu sehr geschont worden. Auch nicht, wenn ich hingefallen war und mir dabei das Knie aufgeschlagen hatte. Da kam keiner pusten oder hat mich getröstet. Mein Bruder und ich haben sehr schnell gelernt, wieder aufzustehen. Meine Eltern haben mich auch nie zur Schule gebracht oder erklärt, wie man den Zebrastreifen zu überqueren hat. Das musste ich mir alles selbst beibringen. Umso enger war ich mit Wolfgang, weil wir nur uns hatten. Natürlich haben wir uns auch die Köpfe eingeschlagen. Aber alles, was mein Bruder gemacht hat, wollte ich auch. Wenn er mit sechzehn geraucht hat, habe ich mit zwölf geraucht. Wenn er mit seinen Jungs gespielt hat, war ich immer dabei. Dadurch, dass ich immer der Kleinste war, musste ich mich auch immer durchsetzen. So bin ich groß geworden. Alle, gegen die ich gespielt habe, waren größer. Immer. Aber nie besser! Mit zehn Jahren hab ich schon in den offiziellen Spielen gegen die Vierzehnjährigen die meisten Tore geschossen. Ich war

Ich bin ein bisschen zu wenig in den Arm genommen worden von meinen Eltern

mit zehn Jahren bereits in der C-Jugend, A-Jugend spielt man bis achtzehn, ich habe schon mit vierzehn angefangen, ich habe immer doppelt übersprungen. Durch gelernte Disziplin und Selbstständigkeit. Ein Schulterklopfen oder ein »Super, Lothar!« gab es von meinen Eltern dafür nicht. Sie haben mir nie gesagt oder gezeigt, dass sie stolz sind, sie waren nicht so emotional. Trotzdem weiß ich, dass sie stolz sind, vielleicht sogar mehr als andere, die es nach außen tragen. Sie haben es nie vor mir gezeigt, aber in Herzogenaurach gern mit anderen geteilt. Meine Eltern haben beide ein riesengroßes Herz, aber als Kind haben sie mir nicht die Liebe gezeigt, die ich erwartet hätte. Wir wurden mit einer sehr harten Hand erzogen. Das hat uns nicht geschadet, aber es war schon sehr schmerzlich. Mein Bruder und ich haben öfter mit einem Ast aus dem Wald eins drüber bekommen: braunes Holz, bis heute weiß ich noch genau, wie es aussah und auch klang. Ab und zu setzte es auch mal was: Aber wenn meine Mutter mir mal eine gegeben hat, tat ihre Hand mehr weh als meine Wange. Über den Teppichklopfer haben Wolfgang und ich uns kaputtgelacht, weil der nachgegeben hat. Heute kann ich darüber schmunzeln, aber damals war es natürlich nicht gerade schön.

Die fränkische Mentalität ist geradlinig, kernig

Ich würde meinem fünfjährigen Sohn Milan nie weh tun, welchen Blödsinn er auch immer angestellt haben mag. Ich versuche es stattdessen mit reden. Mein Vater hat das nie probiert. Trotzdem bin ich da nicht böse drüber. Er zählte zu einer ganz anderen Generation. Er wurde anders erzogen und war selbst mit ganz vielen anderen Sachen beschäftigt. Ich habe dadurch sehr früh gelernt, sehr selbstständig zu werden. Ich glaube, es hat sich am Ende positiv für mich ausgewirkt, dass meine Eltern eben nicht so viel Zeit für mich hatten und ich die Dinge von Anfang an selbst anpacken musste. Sie haben mich gelassen, nicht eingesperrt oder kontrolliert, sondern mir vertraut. Ich musste auch allein den Durchbruch schaffen, da hat mir niemand geholfen oder auf mich aufgepasst, als ich mit gerade mal achtzehn Jahren zum Erstligisten Mönchengladbach gewechselt bin.

Ich bin mit Puma groß geworden, mein Schlafzimmer war Luftlinie zwanzig Meter entfernt vom Büro von Rudolf Dassler, dem Puma-Gründer. Für Rudi war ich wie ein dritter Sohn. Es war natürlich meinem Vater geschuldet, dass ich in meiner sportlichen Laufbahn früh die Vorteile genießen konnte, immer die neuesten Schuhe oder den neuesten Ball zu bekommen. Seit vierzig Jahren habe ich inzwischen ein Geschäftsverhältnis mit der Firma, Puma hat mich aber auch persönlich unterstützt. Denn ich habe mein erstes Auto von Puma bekommen: einen froschgrünen Golf mit 50 PS und 64 000 Kilometern. Ich weiß noch genau, wie Rudi Dassler mit mir vor meinem achtzehnten Geburtstag in seinem Büro ans Fenster ging. Dort zeigte er auf den Innenhof, wo alle Autos parkten und wo auch dieser Golf stand. »Wenn du deinen Führerschein hast, dann ist das deiner«, versprach er mir damals. Anfang April 1979 bin ich vormittags um 11 Uhr zum Chef und habe meinen Lappen vorgezeigt. »Du weißt, wo die Abrechnungen gemacht werden, gehe dorthin, du musst pro forma 99 Pfennig bezahlen.« Ich gab eine Mark und bekam einen Pfennig zurück – mein erster Vertrag, den ich allein abschloss, war der Autovertrag zwischen der Firma Puma und mir. Mit dem Auto fuhr ich dann drei Monate später nach Mönchengladbach.

Mein Bruder und ich haben sehr schnell gelernt, wieder aufzustehen

Den Vertrag mit Borussia Mönchengladbach musste noch mein Vater unterschreiben, weil ich da noch nicht volljährig war. Ich bekam damals 2500 Mark Monatsgehalt, und es gab eine gestaffelte Jahresleistungsprämie von 50 000 Mark für eine bestimmte Anzahl von Spielen: 1000 Mark pro Sieg und 500 Mark für ein Unentschieden als Prämie. Dazu muss man sagen, dass ich im ersten Jahr die größte Prämie bei Mönchengladbach erhielt, weil wir in Mailand im UEFA Cup weiterkamen. Das waren satte 4000 Mark! Ich wusste gar nicht, was ich mit dem vielen Geld machen sollte. Denn mein Leben lang hatte meine Mama immer all meine Verdienste entgegengenommen und für mich auf ein Sparbuch gelegt.

Schon als Zehnjähriger habe ich ein- bis zweimal in der Woche Zeitschriften wie Gong, Brigitte und Für Sie ausgetragen. Am Ende des Monats hatte ich dann so hundert bis hundertzwanzig Mark, die durfte ich aber nicht ausgeben. Natürlich nicht. Genauso habe ich in den sechswöchigen Schulsommerferien immer bei Puma gearbeitet. Die anderen sind nach Spanien gefahren oder waren im Urlaub am Gardasee. Wir sind nie, wirklich nie, in den Urlaub gefahren – bis zu meinem siebzehnten Lebensjahr habe ich meine Ferien immer in Herzogenaurach verbracht und Schuhe sortiert. Pro Stunde gab es sechs oder acht Mark netto, ich bin nach vier Wochen mit 1200 Mark da rausgegangen – aber freilich hat es wieder die Mama genommen. Meine Eltern machten es mit mir genauso wie mit sich selbst: Es wurde gespart, gespart, gespart. Das prägt. Ich verstehe zum Beispiel nicht, wie sich Leute eine Lederjacke für ein paar Tausend Euro kaufen, wenn sie es sich gar nicht leisten können. Würde ich nie machen. Ich gehe dann fünfmal am Geschäft vorbei und denke mir: Die kriege ich doch irgendwo billiger, die brauche ich doch gar nicht. Das mache ich schon seit vierzig Jahren so. Ich mache mir bei einem Paar Schuhe auch ständig meine Gedanken, ob es denn tatsächlich 600 oder 700 Euro wert ist? Weil ich eben so erzogen wurde.

Dadurch, dass ich immer der Kleinste war, musste ich mich auch immer durchsetzen. So bin ich groß geworden

Mein Vater war nicht nur Hausmeister bei Puma, er musste auch die Kantine führen. Das war sein zweites Einkommen für die Familie. Nachmittags, wenn er müde war von der Arbeit oder seinen Gemüsegarten pflegen wollte, musste eben ich mit gerade mal acht oder neun Jahren übernehmen. Deshalb bin ich zahlenmäßig top. Ich stand also hinter einem Tresen an der Kasse, wo Süßigkeiten wie Mars, Bounty und Gummibärchen auf der linken Seite im Regal lagen und auf der rechten zwei große Kühlschränke standen. Mein Vater kaufte in der Metro alle Sachen ein und verkaufte diese dann wieder. Natürlich nicht zum doppelten Preis – sondern zum Beispiel für 25 statt 20 Pfennig.

Daher weiß ich sicherlich auch, was es heißt, Verantwortung zu tragen. Denn mein Vater hat mich nie kontrolliert oder mir beim Verkauf über die Schulter gesehen, er war in der Zeit das Beet harken oder Gemüse ernten. Die Frage »Willst du?« gab es nicht, es war mehr ein Befehl, es gab keine Diskussion. So war ich in der Firma integriert, ich kannte durch die Tätigkeit alle Mitarbeiter beim Namen. Und abends musste Klein-Lothar dann die leeren Flaschen einsammeln, die er am Nachmittag verkauft hatte, und wieder abschließen.

Die Rivalität und der Konkurrenzkampf zwischen den zwei Gründerfamilien wirkte sich damals auch auf die Mitarbeiter aus: Man beschimpfte sich gegenseitig, je nachdem, ob man bei Puma oder Adidas arbeitete. Das war eine Art Religion. Ich war natürlich auf der Seite von Puma, weil ich eben ein sehr gutes Verhältnis zu Rudolf Dassler hatte. Während die Konkurrenzfirmen irgendwann in Asien produziert haben, hielten die beiden Betriebe sehr daran fest, dass sie als deutsche Marken auch traditionsgemäß in Deutschland produzieren. Es gab etwa den Adidas-Metzger oder die Puma-Bäckerei. Wenn du bei Puma gearbeitet hast, dann solltest du nicht unbedingt eine Frau von Adidas heiraten. Es ist wirklich nicht übertrieben, so weit ging das, genau so war das Ende der Sechziger-, Anfang der Siebzigerjahre. Das wurde mir schon als Kind eingetrichtert.

Der Enkel von Adi Dassler, Horst Bente, ging mit mir in die Schule. Samstags nach dem Unterricht nahm er mich und vier bis fünf andere Jungs mit zu Adidas. Weil niemand am Wochenende arbeiten musste, konnten wir im neuen Anbau im sechsten Stockwerk Fußball spielen. Die oberste Etage war nicht besetzt, ein fünfzig mal fünfzig Meter freier Raum, wo nur der Teppichboden drin lag. Da ich immer Puma-Schuhe trug, hätte ich damit nicht zu Adidas gekonnt. So dachte ich jedenfalls, weil wir nach diesen Maßstäben erzogen wurden und die Kleinstadt es uns damals so diktierte. Es wäre sicherlich nichts passiert, wir waren ja nur Kinder, die Fußball spielen wollten. Jedenfalls hatte ich damals einen Freund, der einen Kopf größer war als ich. Was ja nicht schwierig war, da ich immer der Kleinste war, bis heute. Er hatte immer einen

Mantel an, der ihm bis über die Knie ging. Den zog ich samstags über, weil die Klamotte bei mir bis zum Boden fiel – und ich so meine Puma-Schuhe vor dem Pförtner verstecken konnte, wenn wir in die Adidas-Firma geschlichen sind.

Meine Eltern machten es mit mir genauso wie mit sich selbst: Es wurde gespart, gespart, gespart. Das prägt

Noch heute, wenn ich als großer Lothar in Herzogenaurach bei Adidas am Neubau vorbeifahre, muss ich an diese Geschichte von früher denken. Inzwischen lebe ich seit fünfzehn Jahren mit meiner fünften Frau Anastasia und unserem gemeinsamen Sohn in Budapest. Ich habe seit Januar 2004 dieselbe Wohnung, dreizehn Jahre lang hatte ich dieselbe Putzhilfe – das zeigt, wie heimisch ich dort bin. Sonst würde ich auch nicht in Ungarn leben. Vor allem genieße ich es, in Budapest wirklich ein Privatleben zu haben. Die Leute kennen und erkennen mich zwar, aber sie sind nicht aufdringlich. Sie wollen nicht ständig ein Selfie, es interessiert sie einfach nicht, wer neben ihnen beim Abendessen sitzt. Das genieße ich natürlich vor allem mit meinem Kleinen sehr – in Deutschland könnte ich das nie so ungestört ausleben. Milan wächst in meiner Wahlheimat deutlich freier auf, als er es wahrscheinlich je in München könnte.

Heimweh kenne ich nicht. Überall dort, wo ich schon als Spieler oder als Trainer gearbeitet habe, egal, wo ich mich auch entschieden habe, auf der Welt zu leben, habe ich immer sehr schnell meine neue Heimat gefunden. Selbst ein einziges Jahr in Belgrad als Trainer war trotzdem für mich eine neue Heimat, auf die ich mich bei jeder Rückkehr gefreut habe. Genauso auf Tel Aviv, Wien oder Budapest. Ich vermisse Deutschland nicht, muss ich ja auch nicht, weil ich durch meinen Job die Möglichkeit habe, sehr oft dorthin zu reisen. Oder mir die Gelegenheiten selbst schaffen kann, wie zum Geburtstag meines Vaters oder meiner Mutter. Dann fahre ich immer wieder nach Herzogenaurach. Wenn ich in Deutschland bin, kaufe ich gern Spezialitäten ein, die es so nicht in Ungarn gibt. In München zum Beispiel traditionelle Leckereien wie Weißwürste und

Händlmaier-Senf. Oder am Flughafen Schokolade wie Hanuta und duplo. Das sind für mich besondere Kleinigkeiten, die mich an meine Kindheit erinnern.

1990 führte Lothar Matthäus Deutschland in Italien mit vier Toren zum dritten WM-Titel. Nach seinem Karriereende arbeitete der gelernte Raumausstatter weltweit als Trainer (u.a. in Wien und Belgrad). Inzwischen lebt er in der ungarischen Hauptstadt auf der Buda-Seite

Johannes King

ZWEI-STERNE-KOCH &
GASTRONOM

»Butter bei die Fische? Bei mir immer, ich liebe den Norden!

Kulinarisch bin ich im Paradies aufgewachsen. Meine Eltern betrieben in Heiligenbronn im Schwarzwald einen Bauernhof mit Kühen, Schweinen, Hühnern, Hasen und Bienen. Wir haben zweimal im Jahr geschlachtet, die Butter, die Milch und den Honig stellten wir selbst her, jeden Tag gab es frische Eier. Dazu besaßen wir einen eigenen Gemüse- und Obstgarten. Wir waren zu 100 Prozent Selbstversorger, 365 Tage im Jahr. Allein deshalb ist der Begriff Heimat bei mir natürlich sehr stark mit Essen verbunden, außerdem mit Familie und Geselligkeit. Ich bin mit neun Geschwistern aufgewachsen, meine Mutter Magdalena kochte jeden Tag für dreizehn Personen, sonntags saßen wir immer alle gemeinsam um 11 Uhr 45 am Esstisch. Das war Tradition, da durfte niemand fehlen, darüber hat auch niemand diskutiert. Es gab dann immer drei Gänge: nach der Suppe als Hauptgang zum Beispiel Dampfnudeln, Hühnerfrikassee oder Hasenbraten, danach Dessert. Da ich der Jüngste war, musste ich anschließend immer abwaschen. Und wenn ich vorher schon meckerte, gab es für mich keinen Pudding. Genauso gehörte es sonntags dazu, dass es immer, wirklich immer, vier Sorten Kuchen gab: Hefezopf, Apfel- und Marmorkuchen und irgendwas mit Erdbeeren, Rhabarber, Johannis- oder Heidelbeeren – je nachdem, was noch in der Tiefkühltruhe lag und wegmusste. Wahrscheinlich sind wir deshalb bis heute alle Süßmäuler. Wenn mir heute jemand mein Stück Kuchen am Sonntagnachmittag verwehrt, dann nimmt er mir einen Teil meines Lebens. Es ist ein heiliger Tag, da wird auch nicht gearbeitet. Es kann sich mancher nicht vorstellen, aber sonntags tickt bei mir die Uhr anders, da lasse ich Ruhe zu. Mein Vater hat uns allen immer eingetrichtert, dass an diesem Tag der Woche nicht gearbeitet wird – nur die Tiere im Stall wurden gefüttert.

> *Wenn mir heute jemand mein Stück Kuchen am Sonntagnachmittag verwehrt, dann nimmt er mir einen Teil meines Lebens*

Meinen elterlichen Hof gibt es leider nicht mehr. 1998 ist meine Mutter mit 75 Jahren gestorben. Zehn Kinder in zwölf Jahren hinterließen Spuren an ihrem Körper. Wie hat sie das nur alles gepackt – für alle zu kochen und die Wäsche zu machen und dann auch noch feste Aufgaben auf dem Bauernhof wie Hühner versorgen oder Kartoffeln hacken zu erledigen? Sie hat uns viel mitgegeben, zwischen uns Geschwistern gab es nie Futterneid. Bis heute nicht. Einige haben ganz wenig, einige haben relativ viel, das war für die einen oder die anderen nie ein Problem. Mein Vater lebt noch, er ist letztes Jahr 95 Jahre alt geworden. Wir Kinder treffen uns immer im Oktober an seinem Geburtstag in der Heimat. Dann reist die ganze Horde von überall aus Deutschland an: zehn Kinder, zehn Schwägerinnen und Schwager, 27 Enkel, 30 Urenkel – unter 70 Leuten geht gar nichts! Das bedeutet für mich immer Nach-Hause-Kommen. Sollte mein Vater einmal nicht mehr auf der Welt sein, wird uns das allen sehr fehlen. Weil er ein Lebensmittelpunkt für uns alle ist.

Gegenüber von unserem ehemaligen Hof lebt er in einem Mehrgenerationenhaus mit meinen Zwillingsschwestern Lydia und Agnes. Mein Bruder Nikolaus ist dort inzwischen auch mit seiner Frau, die Altenpflegerin ist, eingezogen. Einen Pflegedienst gibt es zusätzlich, mein Vater ist also bestens versorgt. Dass sich drei Geschwister kümmern und abwechseln und er zu Hause und nicht im Heim ist, gibt mir ein gutes Gefühl. Wir halten alle zusammen, deshalb ist es für mich immer wieder sehr befremdlich zu hören, wenn Menschen gar kein Zuhause mehr haben, weil sie zerstritten sind oder keinen Kontakt mehr haben. Was ist es für ein Segen, dass ich eine solche Heimat habe, in die ich immer zurückkehren kann.

Zum Geburtstag meines Vaters kommen 10 Kinder, 10 Schwägerinnen und Schwager, 27 Enkel und 30 Urenkel in die Heimat gereist

Ich bin da sehr demütig. Vielleicht liegt es auch an meiner Erfahrung als Junge im Kindergarten im Kloster Heiligenbronn. In unserem 190-Einwohner-Dorf gibt es eine Behindertenwerkstätte, wo Blinde und Gehörlose noch heute eine Korbmacherei betreiben. Mein Vater sammelte jahrelang Weidenzweige bei den Bauern ein, brachte diese ins Kloster und fuhr danach die hergestellten Körbe und Bürsten zum Verkauf aus. Und dort in der Werkstätte war zu meiner Zeit der einzige Kindergarten, in den ich bis zu meinem fünften Lebensjahr gegangen bin. Ich bin mit Blinden und Gehörlosen aufgewachsen. Zwar kann ich keine Gebärdensprache, aber ich erinnere mich an besondere Kommunikationsmittel: Wenn wir als Kinder einen Spaziergang in den Wald unternahmen, mussten wir uns immer an einem Seil festhalten, weil das natürlich für die Blinden zur Orientierung wichtig war. Das Tau zwischen uns diente aber auch der Verständigung. Genauso wie ein Streichen über den Handrücken oder ein Ziehen an den Fingern. Diese Zeit werde ich nie vergessen, weil wir alle gleichberechtigt behandelt wurden, der eine war nicht besser oder schlechter als der andere. Das hat sicherlich sehr viel zu meiner Bodenhaftung beigetragen.

Tief im Herzen werde ich immer Schwarzwäldler bleiben, aber seit über 20 Jahren ist mein Lebensmittelpunkt Norddeutschland. Seit 1998 wohne ich nun schon auf Sylt, im hohen Norden bin ich ein Fischkopf geworden. Menschlich betrachtet sind die Schwarzwäldler und die Norddeutschen gar nicht so weit auseinander, wie man denken mag. Wir sind im Schwarzwald genauso wenig als Hurra schreiendes Volk bekannt wie die Fischköpfe. Vielleicht ist der Norddeutsche noch etwas kühler. Ich habe früher immer gedacht, dass die Menschen auf Sylt die Nase so hoch tragen, dass es reinregnet, aber da habe ich mich schnell eines Besseren belehren lassen. Der Norddeutsche im Allgemeinen strahlt Ruhe und Gelassenheit aus. Zugegeben: Manchmal bringt mich dieser Stoizismus auf die Palme, das liegt aber vielleicht auch einfach an meiner inneren Unruhe. Auf der Insel habe ich gelernt, zweimal hinzugucken – ob in Bezug auf die Menschen oder die Natur. Eben weil es, anders als im Schwarzwald, nicht so üppig ist. Die Pflanzenwelt gibt uns alles vor, man muss nur genau hinsehen, was da auf dem Boden keimt und Wurzeln schlägt, was da an den Hecken wächst und gedeiht. Das kommt mir in meiner Arbeit als Koch sehr zugute, inzwischen bin ich nun schon seit einigen Jahren darauf spezialisiert: Auf Sylt wertschätze und wertschöpfe ich die Heimat für meine Küche. Statt Himbeeren, Walderdbeeren oder Kirschen verwenden wir Knickfrüchte als Zutaten: Holunder, Haselnuss, Brombeere, Eberesche, Sanddorn, Kornelkirsche, alle sind herb und derb, jede für sich ist ganz eigen. Ein bisschen also wie die Nordlichter.

Auf Sylt wertschätze und wertschöpfe ich die Heimat für meine Küche

Auf der Insel habe ich per Annonce eine ganz besondere Kräuterfee gefunden, die mich mit meiner Kochkunst im Söl'ring Hof auf den Weg gebracht hat. Ihr Zuhause ist der Garten auf unserem gepachteten Bauernhof im Osten der Insel in Morsum. Für meine Küche benutze ich außerdem sogenannte Queller, eine salzhaltige Pflanze, die erst ab einer Wassertemperatur von zehn Grad und nur zwischen Mitte Mai und Ende August wächst. Kulinarisch unschlagbar im Norden – genau so muss Sylt schmecken! Frisch geerntet und eingesetzt, gieren unsere Gäste richtig danach, nach zwei bis drei Tagen schmecken sie allerdings schon dröge. Wir können also aus dem Garten und aus den Wiesen schöpfen – und zwar alles zu seiner Jahreszeit. So haben wir immer unterschiedliche Produkte. Manche pflanzen wir selber an, hegen und pflegen sie, bei anderen warten wir, bis die Natur so weit ist, und zupfen und rupfen sie dann. Das ist eine wunderbare Abwechslung, die auch auf dem Teller stattfindet. Das ist Identität. Ich habe kein Marketinginstrument gesucht, ich bin Überzeugungstäter. Es kann schließlich nicht sein, dass wir alle dasselbe auftischen – mal besser, mal schlechter.

Seit 2004 verwende ich in der Küche zudem keine Fische mehr, die südlicher als Hamburg schwimmen. Ehrlich gesagt hatte ich mir das anfangs leichter vorgestellt. Denn es gibt rund um Sylt keine Fischer, auf die ich hätte zurückgreifen können. Aber Gott sei Dank ist ja Dänemark gleich um die Ecke – und die sind fantastische Angler. Es durften keine Rotbarben, Petersfische und Doraden mehr auf die Karte, stattdessen haben sich Rotzunge, Seelachs, Steinköhler durchgesetzt. Als ein Gast Makrele auf der Karte entdeckte, ging das Gemecker los, der wollte lieber Steinbutt, »schließlich sei er nicht in einem Zwei-Sterne-Restaurant, um einfache Makrele zu essen«. Am Ende wollte er nicht glauben, was er da aß – man kann die edel und roh angerichtete Version wie bei den Asiaten natürlich nicht mit einer dieser oligen, totgeräucherten Makrelen vergleichen.

Ich bezeichne meine Küche als feinheimisch. Regional ist eine Gebiets-, aber keine Qualitätsbezeichnung. Dahinter verstecken sich viele. Die plötzlich behaupten, sie würden regional kochen, aber denselben Mist wie vorher machen. Wenn der Bauer die falsche Kartoffel in den falschen Boden setzt, ist es ein regionales Produkt, aber trotzdem Mist. Deswegen muss man sich mehr auf das Diktat der Jahreszeiten konzentrieren und darauf achten, was in der Region besonders gut wächst – genau das ist unsere Basis. Wir verwenden in unserer Küche auch weißen Alba-Trüffel, wenn dieser von Oktober bis Dezember Hochsaison hat. Was für mich ganz klar zur europäischen Esskultur dazugehört. Aber ich brauche kein Wagyu-Beef aus Japan importieren – wozu?

Viel lieber gibt es bei mir immer Butter bei die Fische, wie es so schön im Norden heißt. Früher habe ich immer gedacht, dass die Norddeutschen diesen Spruch brauchen, damit sie wirklich mal aus dem Knick kommen. Das heißt ja nichts anderes, als dass jemand zum Wesentlichen kommen soll. Genau mein Ding! Ich liebe den Schnack, aber bis heute konnte ich mich mit einer Sache nicht anfreunden: mit dem Boot aufs Meer rauszufahren. Ich habe es zehn Jahre versucht, ich habe sogar den Angel- und den Bootsschein gemacht – aber mir wurde immer schlecht, sie mussten mich immer wieder zurück an Land bringen. Nichts hat geholfen, ich habe wirklich alles probiert auf dieser Welt, was man machen kann: von Ohrclips über Kupferbänder bis zu Doping. Ich bin und bleibe einfach eher ein Landmensch. Aber ich weiß dafür, was man mit den Fischen kulinarisch alles anstellen kann.

Ich liebe den norddeutschen Schnack

Seine Wahl-Heimat geht durch den Magen:
Der Zwei-Sterne-Koch lebt seit 1998 auf der
Nordseeinsel Sylt, wo der Gastgeber des
»Söl'ring Hof« jährlich bis zu 20 Kilo der dort
wachsenden Heckenrosen-Blüten zupft, um
daraus Marmelade zu kochen

Maite Kelly

SÄNGERIN

» Meine Heimat ist Gott

Das Thema Heimatlosigkeit ist ein Trauma, das auf die Geschichte meines Uropas zurückzuführen ist: Ende des 18. Jahrhunderts war der Großvater meines Vaters einer von Millionen Wirtschaftsflüchtlingen, die infolge der Hungersnot in Irland auswandern mussten. Es ist die Geschichte des zwölfjährigen Jungen Sean O'Kelly, der mit einer Violine unter dem Arm in ein Boot nach Amerika gesetzt wurde. Die Chance war fifty-fifty, dass er überhaupt lebend ankommt. Es war ein Russisches Roulette mit dem Leben. Mit seinem Vater war er dazu gezwungen, sich in der Stadt an der Ostküste anzusiedeln, wo ihr Schiff ankerte – in ihrem Fall New York. Mein Vater Dan sprach immer wieder mit einer großen Faszination von seinem Opa, obwohl er ihn nie kennengelernt hatte. Man sagt, dass Traumata, gerade so eine unfassbare Entwurzelung, eine Generation überspringen und dann von der nächsten verarbeitet werden. Deshalb glaube ich, dass sich unterbewusst die Rastlosigkeit meines Vaters auf unsere Familie übertragen hat. Und dennoch bin ich erstaunt, wie viele von uns zwölf Geschwistern trotz der vielen Reiserei während unserer Kindheit sesshaft geworden sind. Wir wohnen alle in einem Land, wir wechseln nicht mehr ständig hin und her.

Wir waren als Straßenmusiker auf der ganzen Welt in unserem eigenen Bus unterwegs. Meine Heimat war also immer die Kelly Family. Wir waren füreinander ein Zuhause, wir waren ein Anker, wir gaben uns Halt. Weil ich als Kind und Teenager nie ohne den Rest unterwegs war, kannte ich also auch nie Heimweh. Erst mit 29 Jahren lernte ich dieses Gefühl zum ersten Mal kennen. Damals war ich seit drei Jahren verheiratet und hatte schon selbst zwei Kinder. Es fühlte sich an wie eine Mini-Depression, ich war traurig, allein und musste weinen. Ich wollte um alles auf der Welt einfach nur ganz schnell wieder nach Hause. So eine Emotion kannte ich zuvor nicht, denn mein Zuhause war bisher immer bei mir gewesen.

Mit 29 Jahren bekam ich das erste Mal Heimweh

Ich bin überzeugt, alle Menschen auf dieser Welt sind innerlich Pilger auf der Suche nach einem Zuhause! Ich glaube daran, dass wir nur ein Leben haben, und wir müssen darin unseren Weg finden. Der ist nicht einfach und nicht geradeaus, sondern steckt voller Umwege und Abwege. Aber die Beichte hilft mir dabei. Gott ist mit dem Erwachsenwerden meine Heimat geworden. Ich bitte ihn um Verzeihung, wenn ich mir selbst nicht treu war. Alles, was ich bereue oder wovor ich Angst habe, kann ich in diesem Ritual ablegen. Vor meiner großen Deutschlandtournee flog ich Ende Januar mit meinen drei Töchtern ein verlängertes Wochenende nach New York. Ich hatte uns extra ein Hotel neben der St. Patrick's Cathedral gebucht. Denn ich spürte das Bedürfnis zu beichten. Weil ich Ehrfurcht vor 2019 hatte.

Kurz vor dieser Reise hatte ich in einem katholischen Fachmagazin öffentlich die Annullierung meiner Ehe bekanntgegeben. Was ein schwerer, aber befreiender Schritt für mich war. Obwohl dem Vater meiner Kinder und mir durch die Annullierung eine neue Gnade der Freiheit gewährt wurde, muss ich mich natürlich fragen: Wie finde ich Vertrauen zu Gott, wenn es um meinen persönlich neuen Weg geht? Und wo vertraue ich nicht genug, wo ist Gott nicht ausreichend mein Zuhause? Das ist aktuell mein großes Thema, das muss ich herausfinden – denn ich habe keine Ahnung, wohin der Weg führt.

Ich bin oft im Clinch mit Gott. Aber ich realisiere immer wieder, dass es mir, wenn ich bei der Wahrheit bleibe, gut geht. Das Glück wohnt dort, wo du zu Hause bist. Darum bete ich jeden Tag. Zu Hause habe ich einen Altar mit Jesus, Kerzen und den Bildern der wichtigen Menschen in meinem Leben. Wenn es Gebetsanliegen von Freunden gibt, ob Krankheiten, Sorgen oder Kinderfreuden, dann bete ich dort sitzend auf meinem Meditationskissen. Das ist mein Ort der Stille, an dem ich innehalten kann. Für unterwegs fehlte mir bisher ein Mini-Altar. Letztes Jahr brachte mir mein Patenkind ein zigarettenschachtelgroßes Altärchen aus dem Wallfahrtsort Lourdes mit – für meine Tourneen und meine Reisen. Sie weiß, dass ich jeden Tag bete, dass es für mich ein wichtiges Ritual ist. Dieser Mini-Altar hat vier Rahmen. Seitdem nehme ich das als Leitbild: Mein Körper ist mein Seelenrahmen. Und wenn ich Antworten brauche, stelle ich mir immer wieder die Frage: Was sind meine Rahmenbedingungen? Wann und wo lehne ich mich aus meinem Rahmen und wo sprenge ich ihn? Und wo wiederum widersage ich dem, was nicht in meinen Rahmen passt? Das hilft mir.

In der Kelly Family waren wir füreinander ein Zuhause

Nach einer fünfzehnjährigen Partnerschaft, in der alles darauf ausgerichtet war, bis ans Lebensende gemeinsam zu gehen, lerne ich auf's Neue, mit dieser Freiheit umzugehen. Die Sehnsüchte und die Zerbrechlichkeiten des Menschen mit vierzig sind etwas ganz anderes als bei einem Menschen mit zwanzig. Genauso aber auch die Stärke und Klarheit. Ich finde das Wort Single furchtbar, der Ausspruch »Ich bin frei« klingt ganz anders. In Frankreich sagt man »célibataire«, was viel mehr das aussagt, was ich lebe. Es steht für ledig.

Ich nehme mir jetzt die Zeit und die Freiheit, um in Frieden ohne Heimweh alleine zu sein. Die Offenheit für etwas Neues ist da, das ist klar. Ich verschließe mich nicht, dennoch lerne ich gerade, keine Angst zu haben. Und natürlich gab es auch schon neue Begegnungen. Aber gerade in einer so zerbrechlichen Zeit frage ich mich, was will ich nicht und wie schütze ich mich vor dem, was ich nicht will? Denn neue Wege brauchen kleine Schritte und Zeit. Ich hatte vor Kurzem einen ganz tollen Menschen kennengelernt. Aber weil wir beide so frisch aus einem Lebensbruch kamen, wäre es nicht richtig gewesen, das mit uns weiterzuverfolgen. Also entschlossen wir uns, diesen Weg nicht gemeinsam weiterzugehen. Weil wir merkten, dass wir beide unsere Rahmenbedingungen noch nicht definiert hatten, das Timing war eben nicht richtig für uns. Mit Gottes Hilfe wollte ich erst einmal lernen, eine neue Bindung zu mir selbst aufzubauen. Ich wollte zum ersten Mal in mir mit Gott selbst die Heimat finden. Denn was ist Heimat? Geborgenheit und Verlässlichkeit. Es fiel mir bis dato immer leichter, mich mehr um andere zu kümmern als um mich selbst.

Aber wenn wir letztendlich dem Tod alleine begegnen müssen, ist das unvermeidbar – wir haben uns uns selbst zu stellen. Mein Vater starb 2002, als ich 22 war. In dem Moment, als er von uns ging, war ich bei ihm. Ich empfand das als Geschenk, mich von ihm verabschieden zu können. Ich durfte ihm dabei in die Augen schauen und wusste, dass er bereit war zu gehen – ich sah es in seinen Pupillen, ich spürte seinen letzten Atem. Mein Vater hatte schon immer eine prophetische Gabe, er konnte intuitiv Dinge voraussehen, die dann wirklich passiert sind. Und er hatte die Gabe, bei Menschen Talente zu entdecken und zu fördern, die sie sich selbst nie zugetraut hätten. Nach dem Tod unserer Mutter Barbara-Ann 1982 hielt er bis zu seinem Ableben die ganze Kelly Family zusammen. Er war der Boss! Ich gebe es zu, die Chefin in mir ist eins zu eins mein Vater, genauso wie er bin ich ein Clown, Entertainer und Rhetoriker.

Glück wohnt dort, wo du zu Hause bist

Ich war meine ganze Kindheit im Bus unterwegs, ab dem Alter von neun Jahren wohnte ich mit meiner Familie auf einem Hausboot in Köln. Mein Vater gründete damals eine GmbH, ab da wurden wir nicht nur sesshafter, sondern auch Teil der Gesellschaft. Bis dahin waren wir eher als Aussteiger verschrien. Mein Vater hatte immer davon geträumt, auf einer Burg zu leben. Die typische Sehnsucht eines armen Menschen von der Straße. Als wir Mitte der Neunzigerjahre mit unserem Album »Over the Hump« megaerfolgreich wurden und plötzlich auf den großen Bühnen standen, wollte er sich und uns diesen Wunsch erfüllen – und kaufte für uns Schloss Gymnich in Nordrhein-Westfalen. Aber unser Schloss fühlte sich nie nach Zuhause an. Für keinen von uns.

Allerdings gab es zwischen der großen professionellen Küche und dem Esssaal, der wirklich aus Prunk und Gold war, eine kleine Kaffeeküche. Die war vielleicht drei mal zwei Meter groß, dort richtete ich einen Frühstücksraum mit einfachen italienischen Café-Stühlen von Ikea ein. Für mich gilt das Motto: Wenn du eine Küche voller Liebe hast, hast du ein Zuhause voller Liebe. In dem Fünfzehn-Millionen-Schloss war der kleinste und hässlichste Raum das Herzstück. Stundenlang hingen wir dort mit meinem Vater zusammen ab. Das war Heimat: Gemütlichkeit, Wärme, Obhut. Unser Ort der Begegnung. Wenn man es überträgt, ist mein Altärchen meine Küche mit Gott, in der ich reden, zuhören und schweigen kann. Dorthin kann ich jederzeit einkehren. Dann spreche ich mit Gott. Er weiß, er muss nicht immer antworten. Und ich weiß, manchmal sitzt er einfach nur da wie mein Papa und wartet, dass ich vorbeikomme, um mich zu ihm zu setzen.

Als einziges von zwölf Kindern der Kelly Family wurde Sängerin Maite in Deutschland geboren. Heutzutage tritt die gläubige Katholikin als Solo-Künstlerin (»Die Liebe siegt sowieso«) auf und lebt mit ihren drei Töchtern in Düsseldorf

Barbara Becker

MODERATORIN

»Ich sammele bunte Porzellanvögel wie meine ostdeutsche Oma

Mein Zuhause ist Miami. Ich fühle mich dort so wohl, dass ich mir gar nicht vorstellen könnte, überhaupt woanders zu leben. Das liegt an der Vielfalt und der Farbenpracht der Natur, den unterschiedlichen Sprachen und Menschen. Miami ist nicht wirklich Amerika, es ist eine Multikulti-Stadt mit vielen kulturellen Einflüssen von Kubanern, Argentiniern oder Haitianern. Dort ist alles, was ich brauche, um mich auszuruhen und aufzutanken. Es hat allerdings extrem lange gedauert, bis ich mich in diesem Paradies so weit entfernt von meinem Geburtsland Deutschland auch wirklich wohlgefühlt habe.

Nach meiner Trennung von Boris 1999 befand ich mich in einer Art Überlebensmodus. Ich musste von jetzt auf gleich gezwungenermaßen so viel Verantwortung tragen wie meine Mutter damals mit meiner großen Schwester Hannah und mir. Ich hatte mir das tatsächlich nie zugetraut und in Gedanken auch nie ausgemalt, einmal zwei Kinder ganz allein großziehen zu müssen. Damals war ich 33 und durchaus nicht naiv oder weltfremd, aber bis dahin hatte ich zehn Jahre meines Lebens traumtänzerisch mit Boris verbracht. Wie in einem Film war ich mit ihm sorgenfrei überall umhergereist, ich musste nie etwas selbst organisieren, ich hatte bei allem immer Hilfe. Ich habe weder gearbeitet noch Flüge gebucht oder Schecks unterschrieben, geschweige denn Müll runtergetragen oder Wäsche gewaschen.

Ich kenne es gut, mich fremd im eigenen Land zu fühlen

Bis zu unserer Trennung. Ich musste mich schnell berappeln, weil es Wichtigeres gab, als meine Wunden zu lecken – und zwar das Wohlbefinden meiner zwei Jungs. Ich zog kurz nach der Geburt meines Jüngsten nach Florida, lebte dort mit beiden in der Übergangszeit auf Fisher Island. Eine Enklave, auf die die Leute nur zum Urlaubmachen hinfahren, irgendwie eine Art Traumschiff. Wir waren dort nicht gestrandet, aber wir kannten wirklich niemanden. Nachdem 2001 die Scheidung durch war, fand ich für uns drei ein wunderschönes Haus in Miami Beach. Dort pflanzte ich symbolisch Palmenbäume für unsere Verwurzelung und baute als Mama ein Nest. Meine Kinder sollten wissen, dass sie bei mir sicher sind und sich wohl und geborgen fühlen können. Wo Noah und Elias sind, war gefühlt immer meine Heimat. Inzwischen sind beide längst flügge geworden und ausgeflogen. Daher musste ich für mich den Heimatbegriff neu definieren. Heute weiß ich mehr denn je: Auch wenn ich in Florida lebe, werde ich immer deutsch sein und Deutschland wird immer meine Heimat bleiben.

Das zeigt sich auch sehr deutlich in meinem amerikanischen Zuhause: Miami ist zwar unglaublich exotisch, aber in meinen eigenen vier Wänden pflege ich deutsche Traditionen: So hängt in meiner Küche eine Original Schwarzwälder Uhr aus dem Ende des 18. Jahrhunderts, in meinem Wohnzimmer stehen neben zahlreichen Büchern in einer zweieinhalb Meter hohen Bibliothek bunte Porzellanvögel aus Ostdeutschland. Bei den Eltern meiner Mutter, Oma Johanna und Opa Walter, stand das Rotkehlchen von Meissen in der Glasvitrine, das habe ich als Mädchen bestaunt und geliebt. Heute habe ich mehr als vierzig bunte Porzellanvögel aus deutschem Porzellan bei mir stehen, einen Großteil davon aus der ganzen Welt. Ich habe sie auf Auktionen ersteigert und dann einfliegen lassen. Für andere Leute mag das kitschig sein – ich bade darin. Mit dieser großen Sammelleidenschaft verbinde ich persönliche und wertvolle Erinnerungen an meine Großeltern.

Sie kamen ursprünglich aus Thüringen, wo auch meine Mutter Ursula groß geworden ist, bevor sie mit ihnen rübergemacht hat. Noch vor dem Mauerbau, damals war meine Mama neun Jahre alt. In Würzburg bauten sie sich ein neues Leben auf: Mein Großvater begann als Drucksetzer in einer großen Druckerei, meine Oma blieb Hausfrau. Sie haben beide ordentlich gesächselt, deshalb bedeutet Dialekt auch Heimat für mich. Ich habe nirgendwo lange genug gewohnt, als dass ich auch nur einen Dialekt wirklich gut sprechen könnte. Ich bin in Heidelberg geboren, habe in Pforzheim, Karlsruhe und Stuttgart gelebt, war in der Schweiz auf der Schule und habe dann in München gewohnt. Natürlich kann ich ein bisschen schwätze, aber mit einem echten Badenser könnte ich mich nicht unterhalten, ohne dass das dann irgendwann auffallen und mein Akzent unglücklicherweise wie eine Persiflage rüberkommen würde. Selbst nach fast zwanzig Jahren in Amerika fühle ich mich in der deutschen Sprache nach wie vor am wohlsten. Mit Noah spreche ich fast nur Deutsch, das war auch immer schon so. Elias merkt jetzt erst, dass es von Vorteil ist, mehrere Sprachen zu können. Früher war Deutsch unsere Geheimsprache, wenn wir zum Beispiel in Miami im Aufzug über Leute gelästert haben. Ich habe jahrelang mit 250 englischen Worten jongliert, aber mir fehlten immer die Nuancen. Meine Seele kann ich einfach

Meine Großeltern haben gesächselt, Dialekt ist Heimat für mich

am besten auf Deutsch zeigen und genauso meine Persönlichkeit ausdrücken, weil dort meine Wurzeln sind. Ich fühle mich nirgends so heimisch wie in Deutschland, alles andere ist wie Second Heimat.

Wenn ich an meine Mutter denke, dann vergleiche ich sie mit einem Vulkan, der unaufhörlich und kraftvoll sprudelt – als Alleinerziehende zweier Mädchen. Weil sie als Lehrerin sehr beschäftigt war, haben meine Großeltern sie sehr unterstützt und einen Großteil meiner Erziehung übernommen. Oma und Opa waren für mich der Inbegriff von Beständigkeit: Die Sachen schmeckten und rochen jeden Tag gleich, dazu waren sie völlig ohne Stress. Sie haben mir mit einer gewissen Reflexion, Klarheit und Besonnenheit in Ruhe alles erklärt. Ich würde immer befürworten, dass man seine Kinder ab und zu mal abgeben muss, damit die Großeltern teilhaben und auch einen Teil der Verantwortung tragen können. Für mich war der Schmerz groß, als ich beide verlor: Ich weiß noch genau, wie ich als Zehnjährige bei ihnen in der Hofstraße in Würzburg »Die Montagsmaler« im Fernsehen schaute, was ich als Waldorfschülerin ja eigentlich nicht durfte. Als Opa zur Tür rausging, um einen Brief einzuschmeißen, sagten Oma und ich beide noch tschüs. Aber Opa kam nie mehr zurück, er starb mitten an der nächsten Kreuzung an einem Herzinfarkt. Anderthalb Jahre später ging meine Oma für immer. Ausgerechnet an dem Tag fuhr ich ins Landschulheim. Ich werde nie vergessen, dass ich abends noch zu Hause anrief, ob mit Oma alles in Ordnung sei. War es, aber nachts starb sie dann überraschend. Beide haben mir die Welt bedeutet.

Weihnachten hängt immer der traditionelle Schmuck meiner Oma am Tannenbaum. Meine Mutter hat die Sachen aufbewahrt und bringt sie aus Berlin mit nach Miami, wenn wir dort zusammen mit den Kindern und Boris die Feiertage verbringen. Auch wenn draußen dreißig Grad sind und die Sonne scheint, binden wir einen Adventskranz aus Tannenzweigen und schmücken eine echte Tanne: mit Bienenwachskerzen, zwanzig Jahre alten Lichterketten und dem selbst gemachten Salzteig-Anhängern meiner Söhne aus dem Kindergarten. Diese deutschen Rituale habe ich gepflegt und weitergegeben – wie es meine Mutter meiner Schwester und mir nach der Erziehung ihrer

Eltern vorgelebt hat. Genauso wie es Heiligabend dazugehört, dass wir Fondue essen, müssen Ostern die verzierten Eier als Dekoration an echten Weidenkätzchen hängen. Mir geht es dabei um Achtsamkeit, darum, den Moment anzuhalten und gemeinsam die Zeit zu genießen.

Ich bin ohne meinen Vater groß geworden, erst durch meine eigenen Kinder haben wir uns öfter gesehen. Als ich 1993 mit Noah schwanger war, fanden Harlan und ich wieder zueinander. In den drei Jahren, bevor er 2003 gestorben ist, hatten wir eine sehr enge Bindung, weil er damals bei mir wohnte. Eine Beziehung kann man auch aufbauen, wenn man nicht gemeinsam aufgewachsen ist. Ich bin nicht nur so dunkel wie er war, wir waren uns auch vom Wesen her sehr ähnlich. Beide sehr quirlig und voller Energie, genau wie er schaue ich ständig interessiert umher, spreche nie einen Satz wirklich zu Ende, weil mich schon die nächsten achtzig neuen Gedanken überraschen. Das Entertainment-Talent habe ich ganz eindeutig von ihm. Ich habe natürlich auch viel von meiner Mutter, das merke ich an den Sätzen, die ich gegenüber meinen Jungs von mir gebe.

Jahrelang wurde ich gefragt, ob ich die Nanny meines Sohnes sei

Meine Mutter ist blond und blauäugig, ihre Mutter hatte südländische Züge, schwarze Haare und braune Augen. Man fragte meine Oma deshalb früher, ob ihr Kind adoptiert sei. Und als meine Mutter als deutsch aussehende Frau uns zwei dunkelhäutige Kinder bekam, wurde wiederum sie gefragt, ob wir adoptiert seien. Genauso wurde ich später einige Jahre lang immer wieder gefragt, ob ich die Nanny von meinem blonden und helläugigen Elias sei. Durch mein Anderssein musste ich mir mein Leben lang ganz andere Fragen gefallen lassen. Sehr persönliche, die andere Menschen vielleicht nicht mal nach einem Monat gestellt bekommen würden. Und die ich aus Anstand anderen gar nicht stellen würde. Fragen wie »Warum sprichst du so gut Deutsch?«, »Woher kommt denn dein Vater?«, »Warum sind deine Eltern nicht mehr zusammen?«, »Wenn dein Vater aus Amerika kommt, warum ist er denn dann so dunkel?« Ich wurde immer mehr nach meinem Äußeren gefragt als nach dem, was ich denke. Durch dieses Anderssein fällst du eben auf und dadurch weckst du die Neugier anderer. Ich kenne das Gefühl sehr gut, mich fremd im eigenen Land zu fühlen. Ich war damals in Karlsruhe das einzige schwarze Kind in der Schule. Im Bus kam der Kontrolleur immer zuerst zu mir, egal, wo ich saß. Einmal gab es ein wahnsinniges Theater, weil ich meine Monatskarte nicht dabeihatte. Das passierte mir danach nie wieder, fortan trug ich sie immer im Brustbeutel bei mir, weil ich im doppelten Sinne kein Schwarzfahrer sein wollte.

Durch mein Anderssein musste ich mir mein Leben lang Fragen gefallen lassen. Sehr persönliche

Es gibt Dinge, die man nicht mehr los wird. Die Frage ist, wie viel habe ich aus meinen Kindheitserinnerungen an Paranoia davongetragen, was passiert wirklich oder inwieweit muss ich noch kämpfen? Die Kunst ist es, sich im Kopf zu befreien. Ich habe natürlich durch mein Schwarzsein Vorteile, genauso habe ich aber auch Nachteile. Es gibt Leute, die mich besser behandeln oder die extra schlecht mit mir umgehen, weil sie mich und meinen Namen kennen. Ich kann da inzwischen schlecht trennen und entscheide mich jeden Tag neu, alle gleich zu behandeln. Ich erkläre mich sehr schnell solidarisch mit Menschen, die anders aussehen und aus welchen Gründen auch immer zu kämpfen haben. Ich verspüre einen starken Drang, diesen Menschen zu helfen. Wahrscheinlich weil ich immer allein war und mir dieses Gefühl nicht fremd ist. Ich war eindeutig Besatzungskind, aber ich war genauso eindeutig kein Wirtschaftsflüchtling.

Mir wurde als kleines Mädchen oft gesagt: »Geh doch dahin, wo du herkommst.« Und ich habe das nie verstanden, weil ich ja zu Hause war. Also was meinten die damit? Ich bin ja nicht morgens aufgestanden und habe beim Blick in den Spiegel gedacht: Mein Gott, bin ich dunkel! Es ist vielmehr eine Bewusstwerdung: dass die Leute dich anders sehen. Das merkst du aber erst im Gespräch oder durch die Reaktion der Menschen. Durch dieses Sich-fremd-und-anders-Fühlen habe ich selbst eine stärkere Sensibilität meinen Mitmenschen gegenüber entwickelt.

Es war ein besonders einschneidendes Erlebnis für mich, in Afrika Nelson Mandela zu treffen. Der Mann, der Jahrzehnte eingesperrt war, um die zu befreien, die keine Stimme haben. So etwas war mir natürlich nur möglich, weil ich mit Boris Becker zusammen gewesen war. Mandela wollte damals von mir wissen, wie es ist, als Schwarze in Deutschland groß zu werden. Diese Begegnung war für mich als Heimatlose kein Pflaster, aber Balsam. Weil ich wusste, ich werde niemals so weiß und so blond sein wie meine Freundinnen. Da hätte ich mich auf den Kopf stellen und alles hundertmal besser machen können – es hätte einfach nichts daran geändert. Diesen Wettlauf habe ich aufgegeben, weil ich sehr schnell verstanden hatte, dass ich dabei nur verlieren konnte.

Die Ex-Frau von Boris Becker lebt seit zwanzig Jahren in Florida, reist aber berufsbedingt für Auftritte und Moderationen regelmäßig nach Deutschland. Und um in Berlin Zeit mit ihrer Mutter Ursula Feltus und ihrem ältesten Sohn Noah zu verbringen, Elias wohnt mittlerweile in London

Micky Beisenherz

KOMIKER &
MODERATOR

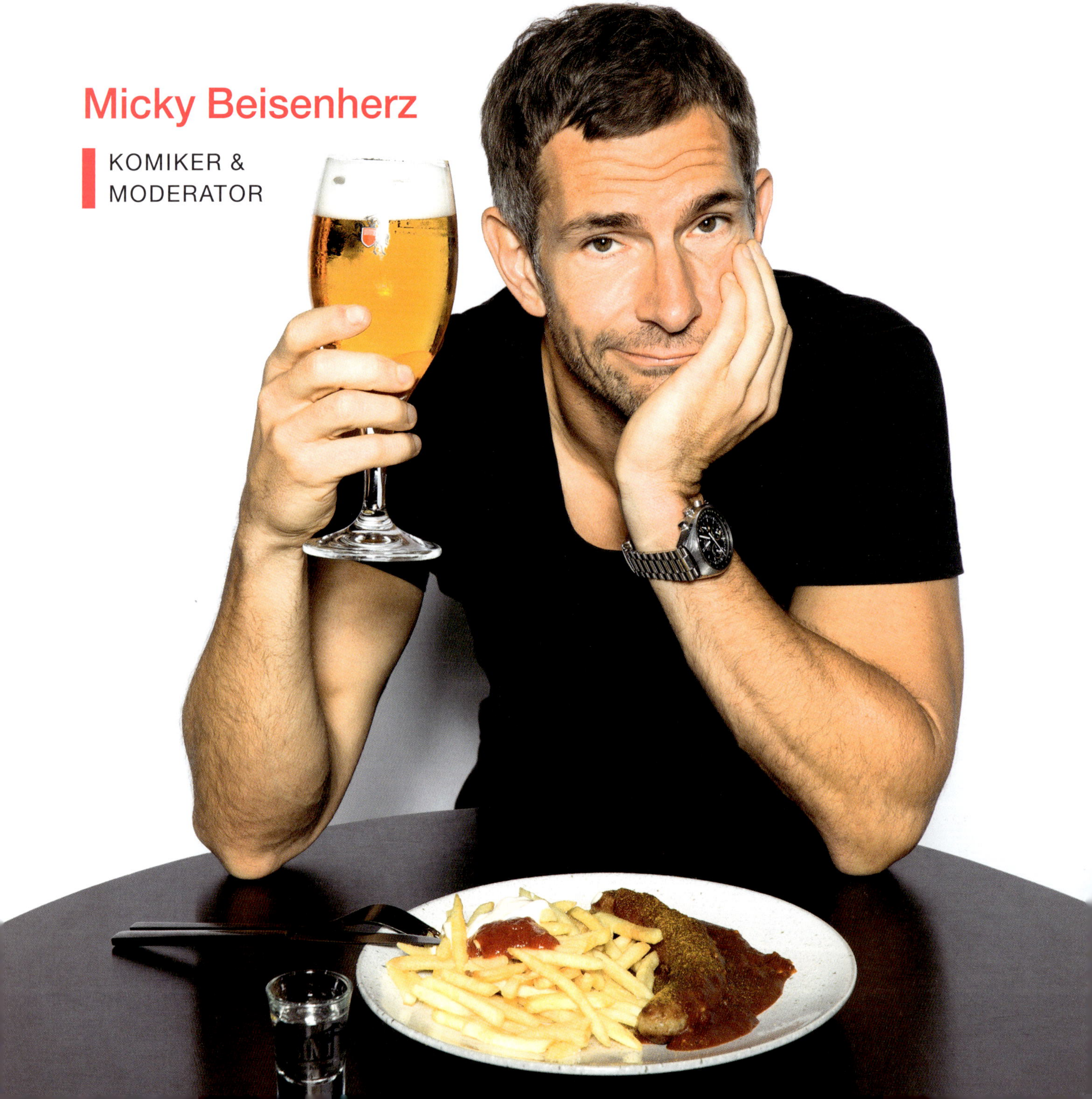

»Im Ruhrgebiet wird immer alles grundehrlich aufgetischt

Es ist so: Wenn wir uns im Ruhrgebiet mit »Na, du Arsch!« begrüßen, ist das ernsthaft liebevoll gemeint. So weit würde die Begrüßung in der Familie nun nicht gehen, aber es herrscht bei uns schon extrem große Freude daran, sich gegenseitig liebevoll herabzuwürdigen. Ich bin sehr stolz, aus Castrop-Rauxel zu kommen, wo ich die ersten 24 Jahre meines Lebens verbracht habe. In einem Mehrgenerationenhaus – meine Eltern samt Omma, Bruder und dessen Familie leben dort immer noch unter einem Dach. Wie die Waltons, nur vielleicht mit witzigen Dialogen. Was den Pott genauso wie unseren Haushalt auszeichnet, ist die ständige Auseinandersetzung: Da wurde ich als Gag-Autor sehr früh geschult, weil die Gefahr stets gegeben war und noch ist, sich von Omma Lore einen Spruch einzufangen. Mit ihren 94 Jahren ist sie nach wie vor wahnsinnig schnell im Kopf und sehr witzig. Sie erträgt den Rückbau des Körpers mit Fassung: was teilweise körperlich nicht mehr geht, gleicht sie durch geistige

Schnelligkeit aus. Ich musste schon immer wachsam sein, in meiner Familie blieb mir niemand eine dumme Frage oder Antwort schuldig. Bei einigen Dialogen würde man denken, sie seien ausgedacht. Meine Mutter Brigitte mäkelt zum Beispiel öfters liebevoll augenzwinkernd an meiner Optik rum. Ich könnte ihr wahrscheinlich sagen, dass sie mir gerade beide Beine abgenommen haben, dann würde ihr als Einziges einfallen: »Diese Sandalen haben dir sowieso nicht gut gestanden.« Genauso wie es jeder bei uns zu Hause liebt, den anderen zu veräppeln, ist das Leben dort geprägt von einer ganz großen Wärme. Und das ist bis heute so. Deswegen komme ich auch so gern zurück in die Heimat, im Schnitt bin ich alle anderthalb Wochen dort.

Ich bin Spross einer Gas-Wasser-Scheiße-Dynastie, ich komme aus einem klassischen Handwerkerhaushalt. Wenn man einmal gesehen hat, wie ich mit Werkzeug umgehe, wäre es das Entfernteste, das mit mir in Verbindung zu bringen. Es ging eine Welle der Erleichterung durchs Haus, als ich sagte, dass ich nicht mit in die Klempner-Firma einsteige. Aber es hatte wohl auch nie jemand erwartet. Bevor mein Bruder Andy die Geschäftsführung übernahm, studierte er erst noch sieben Semester Lehramt. Ich kann für mehrere Generationen von Schülern sagen, dass es für alle Beteiligten das Beste war. Nun führt er bereits in der dritten Generation die Firma meines Opas Alex. Der war Meister. Also nicht nur vom Rang her, so wurde er auch wie in einer kultischen Verehrung genannt. Wenn man die alten Gesellen-Geschichten von ihm hört, hatte das heldenhaften Charakter. Man könnte meinen, Odysseus sei mein Großvater gewesen. Er war eine überlebensgroße Figur. Als er Ende der Achtziger starb, war er Anfang siebzig. Da unsere Firma, in der auch meine Mutter tätig ist, nur anderthalb Kilometer entfernt war, saßen wir mittags immer alle zusammen zu Tisch: Panhas oder Frikadellen mit Bohnen wecken bei mir Erinnerungen an früher. Meine Omma kann traditionelle Hausmannskost vom Feinsten. Sie steht noch immer in der Küche, kocht genauso für ihren siebzehnjährigen Urgroßenkel Nasi Goreng. Dann aber mit Salami drin – weil: Die

Ich bin Spross einer Gas-Wasser-Scheiße-Dynastie

musste weg. Heutzutage würde man es wahrscheinlich Fusion Food nennen, also war meine Omma eine Vorreiterin.

Castrop-Rauxel ist ein 80 000-Leute-Mikrokosmos. Die menschlichen Tetris-Steine, aus denen sich eine Gesellschaft zusammenbaut, spürt man dort natürlich viel komprimierter, als wenn man in München, Hamburg oder Berlin lebt. Denn die Upper Class und das Asi-Viertel liegen im Zweifel nur zwei Kilometer auseinander – die Freude und das Elend rücken näher an einen ran. Es gibt ja viele Klischees, aber was wirklich stimmt: dass keiner dem anderen was schuldig bleibt und man sehr schnell merkt, woran man ist. Im Ruhrgebiet wird immer alles grundehrlich aufgetischt. Es passiert durchaus nicht selten, dass man sich im Pott Beleidigungen an den Kopf wirft und dann am Ende in den Armen liegt und sagt: »Das war ein richtig schönes Gespräch!« – diese Region wird von einer tiefen Herzlichkeit geprägt.

Im Pott hat man auch eine instinktive Begabung zu spüren, wann man einfach mal die Fresse halten muss

Wohlgemerkt ist das Ruhrgebiet nicht das Rheinland! Dieser karnevalistische Kultur-Imperialismus des Rheinländers ist dem Ruhrgebietler fremd. Der überfällt die Leute nicht mit seiner Fröhlichkeit. Ich bin auch der festen Überzeugung, dass dieses Gerücht, der Hamburger sei steif und introvertiert, von einem Rheinländer in die Welt gesetzt worden sein muss. Weil der irgendwann mal in eine hanseatische Kneipe reinkam, alle drei Typen an der Theke umarmte, dabei ein Höhner-Lied sang, für alle Bier bestellte und sich wunderte, warum sich alle leicht irritiert wegdrehten. Das würde dem Ruhrgebietler nicht passieren, der ist da anpassungsfähiger. Wahrscheinlich dadurch bedingt, dass in den Fünfziger- und Sechzigerjahren diverse Kulturen ins Ruhrgebiet kamen und man lernte: Anpassungsfähig muss ja nicht nur der sein, der zuzieht, sondern auch derjenige, der versucht, sich mit Zugezogenen zu arrangieren. Im Pott hat man auch eine instinktive Begabung zu spüren, wann man einfach mal die Fresse halten muss. Das geht dem Rheinländer völlig ab.

Aufrichtigkeit, Ehrlichkeit und Rücksichtnahme sind Werte, die im Ruhrgebiet sehr ausgeprägt sind. Und immer ein Auge für diejenigen zu haben, denen es nicht so gut geht. Dass man keinerlei Berührungsängste hat mit Leuten, aufgrund welcher Umstände sie auch immer anders sein mögen. Die Wahrscheinlichkeit, dass ein Rollstuhlfahrer gesagt kriegt »Hast du einen anner Pfanne? Roll ma' beiseite!« ist im Ruhrgebiet am allerhöchsten. Und der würde sich nicht mal angegriffen fühlen – ganz im Gegenteil. Das wäre noch eher eine Pionierleistung. Die unausgesprochene Wahrheit, die im Ruhrgebiet mitschwingt, ist: Die anderen sind auch bekloppt!

Was für alle Altersgruppen gilt. Zu meinen Teenagerzeiten fanden die meisten Partys immer in irgendwelchen Jugend- oder Gemeindezentren in Downtown Castrop-Rauxel statt. Das bedeutete meistens, dass nach der Party ein acht Kilometer langer Fußmarsch angesagt war. Wenn ich gegen vier Uhr früh ausgefeiert hatte, war ich dann also nicht vor sechs Uhr zu Hause. Sonntags konnte ich nur eine Stunde im Bett liegen, weil um sieben Uhr Aufstehen angesagt war – und ich als Zivi zu Opa Klima fahren musste, um dem Schlaganfallpatienten einen Apfel zu schälen. Wenn man Opa Klima und mich in meinem Zustand nebeneinandergestellt hätte, hätte man in dem Moment nicht gewusst, wer von beiden jetzt den Schlaganfall hatte. Meine Fahne warf seine Rekonvaleszenz ganz sicher nach hinten.

Ich habe den Schlüssel zum Knast in Castrop-Rauxel

Schul- und Feierfreunde von früher habe ich nach wie vor, da bemühe ich mich auch drum. Natürlich sieht man sich nicht jede Woche, aber wir kriegen es immer hin, uns alle paar Monate zu sehen. Und es gibt eine Fußballgruppe, die ich seit 23 Jahren betreue und organisiere: Wir bolzen auf einem Rasenplatz, der zur JVA in Castrop-Rauxel gehört. Soll heißen: Ich habe den Schlüssel zum Knast! Wir spielten zu Anfang illegal dort, kletterten immer unter'm Zaun durch – wir waren also die Einzigen, die in die JVA eingebrochen sind … Als sie irgendwann einen neuen Zaun drum rum bauten, da war klar, dass wir mal jemanden fragen müssen. Jetzt habe ich Schlüsselgewalt. In der

Saison zwischen März und Oktober spiele ich dort alle zwei Wochen Fussi, es ist mir schon passiert, dass ich nur fürs Kicken 350 Kilometer in' Pott gefahren bin. Natürlich nicht, ohne noch mal zu Hause der Family hallo zu sagen, versteht sich. Sonst hätte es von Omma Schelte gegeben.

Von Henrichenburg nach Hamburg – ich bin lediglich ein paar Buchstaben weitergezogen. Im Ruhrgebiet fühle ich mich verwurzelt, in Hamburg bin ich sehr heimisch geworden. Das hat nicht nur damit zu tun, dass es optisch die schönste Stadt Deutschlands ist. Sondern es gibt dort einfach sehr viele Menschen, die es mir sehr leicht gemacht haben anzukommen. Und Hamburg bietet einfach alles: Du hast die Sauberkeit, Ordnung und Schönheit von München, andererseits die Ranzigkeit von Berlin. Im Kern ist es eigentlich ein Dorf. Alles, was von Relevanz ist, kannst du mit dem Fahrrad oder zu Fuß erreichen. Vor allem eine fantastische Stadt, um wie ich ein Kind zu erziehen. Du hast alle fünf Minuten einen Spielplatz oder eine Grünfläche und alle drei Minuten einen Junkie oder Obdachlosen – damit du deinem Nachwuchs nebenbei erklären kannst, dass es auch Menschen gibt, denen es nicht so gut geht. Und nicht selten hast du die alle an einem Platz. Ich mag den nordischen Schnack, aber der unterscheidet sich natürlich gewaltig vom Pott: Wenn ich etwa in Hamburg spaßeshalber sage »Du fängst dir gleich eine!«, guckt doch schon der ein oder andere irritiert und glaubt, es würde eine ernsthafte Bedrohungslage herrschen.

Der Gag-Schreiber (u.a. für Atze Schröder) startete beim Lokalradio in Herne. Obwohl er inzwischen in Hamburg lebt, bleibt er seinem Pott mit Reisen zu seiner Familie und (Fußball-)Freunden treu und reist regelmäßig für den »Kölner Treff« an den Rhein

Heino

VOLKSSÄNGER

»Heimat ist für mich dort, wo meine Hannelore ist

An meinen Vater Heinrich kann ich mich nicht mehr erinnern. Ich war erst drei Jahre alt, als er 1941 im Zweiten Weltkrieg fiel. Meine Mutter Franziska wurde Kriegerwitwe, mit gerade mal 29 Jahren. Sie musste meine fünfeinhalb Jahre ältere Schwester Hannelore und mich ganz allein großziehen. Zwei Jahre später wurde Düsseldorf-Oberbilk bombardiert, und wir wurden ins sächsische Großenhain evakuiert. Ich wurde dort eingeschult, aber genauso erinnere ich mich auch an Stunden des Zitterns im Luftschutzbunker. Als wir es nach Kriegsende endlich wieder nach Hause ins Rheinland nach Düsseldorf-Oberbilk geschafft hatten, teilten wir uns dort zu elft drei Zimmer:

mit den sechs Geschwistern meiner Mutter und ihren Eltern. Wenn es mal ein Schnitzel oder ein anderes Stück Fleisch gab, bekam es mein Opa zu essen. Wir hatten nichts, es gab aber auch nichts. Meine Schwester stand schon morgens um 4 Uhr 30 auf, um sich für die Familie beim Bäcker für Brot anzustellen. Und das musste nicht gleich automatisch heißen, dass wir auch etwas abbekamen, weil die Schlange meistens so lang war. Oft kam meine Schwester Hannelore erst drei Stunden später zurück, aber leider mit leeren Händen. Wenn ich dann zu meiner Oma sagte, dass ich Hunger habe, meinte sie nur: »Leck' Salz, dann kriegst du auch Durst!« – diesen Spruch werde ich nicht vergessen.

Meine Mutter sah ich zu der Zeit kaum, weil sie anfing als Servicekraft bei den Engländern zu arbeiten und meist schon um 5 Uhr morgens das Haus verließ. Sie gab uns all ihre Liebe und ihr Wesen: Meine Mutter redete wenig, sie war immer sehr ruhig, genau wie meine Schwester und ich. Sie lehrte uns Zurückhaltung und dass wir uns nicht in den Vordergrund drängen. Für uns Kinder sparte sie sich alles vom Munde ab, was mir damals natürlich noch nicht bewusst war. Denn ich habe nie etwas missen müssen, sie machte immer alles möglich. Als ich mir ein Akkordeon wünschte, sagte sie: »Hans Georg, das können wir uns aber nicht leisten!« – und trotzdem lag es als Geschenk zu Weihnachten unter'm Tannenbaum. Es kostete damals unglaubliche 330 Mark. Nur um ihren Sohn glücklich zu machen, musste sie es mühsam abbezahlen – fünf Mark jeden Monat. Das kann man sich heute gar nicht mehr vorstellen. Als Vergleich: In meinem ersten Lehrjahr als Bäcker bekam ich fünfzig Pfennig im Monat, im zweiten eine deutsche Mark, im dritten eins fünfzig! Um mir Taschengeld dazuzuverdienen, sammelte ich in den Trümmern Schrott – das gehörte zur Kindheit der Nachkriegszeit dazu. Das Blei und Eisen wurde beim Schrotthändler kiloweise abgerechnet, für zwei oder drei Mark konnte ich mir schon ordentlich was leisten. Ich kaufte mir dann meistens eine Kinokarte für die Sonntagnachmittag-Vor-

Nach Kriegsende teilten wir uns zu elft drei Zimmer

stellung für fünfzig Pfennig, um mir einen Western mit John Wayne anzusehen. Es gab sonst keine Möglichkeit, das Geld auszugeben, es gab ja nichts. Und in eine Wirtschaft ging man mit fünfzehn oder sechzehn natürlich noch nicht.

Um 4 Uhr morgens fing ich in der Backstube an zu arbeiten, und nachdem ich so gegen 14 Uhr fertig war, spielte ich Gitarre. Drei Minuten zu Fuß von meinem Lehrlingszimmer im Volkspark. Es bürgerte sich so ein, dass mein Freund Heini Sodekamp, der inzwischen leider nicht mehr unter uns ist, und ich dort auftraten. Vor einem Publikum von hundert bis hundertfünfzig Leuten – das kam richtig gut an, dass wir ausschließlich deutsche Lieder sangen. Immer wenn man das Radio anschaltete, wurden nur amerikanische oder englische Songs gespielt. Das Einzige auf Deutsch waren damals die Nachrichten. Es gab keine Heimatlieder auf Deutsch – das störte mich einerseits, andererseits wurde ich dadurch inspiriert. Ich wollte musikalisch das deutsche Heimatgefühl der Sechzigerjahre prägen.

Als Lehrgeld bekam ich fünfzig Pfennig im Monat

»Es ist nichts auf der Welt wie die Heimat so schön«, sang ich in »Teure Heimat«. Dabei hätte ich auf meine Heimat sogar böse sein müssen, weil ich von Anfang an für mein deutsches Liedgut beschimpft wurde. Ich war der Vorreiter der deutschen Heimatlieder, aber ich hätte niemals ein nationalistisches Lied gesungen – ich bin kein Nazi. Es gibt eine ganze Reihe anderer, die ein Bundesverdienstkreuz bekommen haben, es aber gar nicht haben dürften. Ich stand das durch, weil ich wusste, dass es richtig war. Was stört es eine alte Eiche, wenn der Hund dran pinkelt? Ich lebe seit sechzig Jahren mit diesen immer wiederkehrenden Anfeindungen.

Zwei Drittel dieser Zeit ist nun schon meine Frau Hannelore an meiner Seite. Als wir uns 1972 bei der »Miss Austria«-Wahl in Kitzbühel kennenlernten, hatte ich gerade den Film »Blau blüht der Enzian« nach meinem Hit abgedreht. Wir waren beide damals nicht mehr so glücklich verheiratet: Hannelore nicht mit ihrem Alfie und ich nicht mehr mit meiner Lilo. Wir telefonierten viel, trafen uns immer öfter. Der glücklichste

Tag in meinem Leben war der 4. April 1979, als wir in Bad Münstereifel heirateten. Unseren vierzigsten Hochzeitstag, die Rubinhochzeit, haben wir genau dort im Kurhaus mit lieben Freunden gefeiert. Ich kann mir ein Leben ohne sie nicht mehr vorstellen – Heimat ist für mich dort, wo meine Hannelore ist. Wir leben inzwischen seit zehn Jahren in Bad Münstereifel mit meinem eigenen Heino Café, genauso fühle ich mich in Hannelores alter Heimat Kitzbühel sehr wohl, wo wir einen Freundes- und Bekanntenkreis haben. Die Österreicher nahmen mich sehr positiv auf.

Ich möchte in meinem Alter auch nirgendwo mehr hin. Ich habe alles gesehen und keine Lust mehr, weit zu verreisen. Die ganzen Jahre, in denen ich von 365 Tagen bis zu 300 Tage unterwegs war, reichen für mehrere Leben. Von Amerika über Afrika bis Australien habe ich mein Liedgut zum Besten gegeben – es gibt kein Land, in dem ich nicht gesungen habe. Das macht mich stolz, aber ich war immer froh, wenn ich wieder zu Hause war. Ich fühle mich dort heimisch, wo ich die deutsche Sprache spreche, dort bin ich am glücklichsten. Mit meiner besseren Hälfte. Als Hannelore 2004 einen Herzinfarkt erlitt, dachte ich mir, es ist vorbei – und mir wurde ganz deutlich bewusst: Ohne meine Hannelore will auch ich nicht mehr leben. Durch meine Frau bin ich noch reicher – an Liebe. Und weiß, wo ich hingehöre, bis in alle Ewigkeit: Wir haben bereits die gemeinsame Grabstätte in Bad Münstereifel gekauft. Wo auch meine Tochter Petra und Hannelores Mutter begraben sind.

In den Trümmern habe ich Schrott gesammelt

Mit achtzig Jahren verabschiedete sich der Sänger 2019 von der Bühne und genießt jetzt den Ruhestand mit seiner Hannelore in Bad Münstereifel. Dort lebt er im ehemaligen Kurhaus auf 360 Quadratmetern in sieben Zimmern über dem »Heino Café«

Claudia Roth

POLITIKERIN

»Das Dirndl überlasse ich nicht der CSU

Mein Gefühl für Heimat hat sich in den letzten Jahren stark verändert. Ich habe lange mit dem Konzept nicht allzu viel anfangen können, vor allem in meiner Jugend. Ich bin in Bayern, im Allgäu groß geworden. Wenn du dort nicht zur politischen Mehrheit gehörtest, gehörtest du auch sonst nirgends dazu. Weder meine Eltern noch ich haben uns brav im Kirchenkreis engagiert oder waren aktiv für die CSU tätig, im Gegenteil: Meine Eltern gehörten zu den bestenfalls sieben FDP-Wählern in der Gemeinde. In den

Augen der Mehrheit waren wir also: linksradikal. Im Schwabenländle bin ich von Beginn an mit einem Gefühl der Ausgrenzung aufgewachsen. Heimat, das war für mich bestenfalls Musikantenstadl und erschien mir eng, konservativ, reaktionär. Alles, was über Grenzen hinausging – und gerade das fand ich doch so spannend –, gehörte offenbar nicht dazu.

In Babenhausen betrieb mein Vater Hubert eine Zahnarztpraxis, meine Mutter Trude war ursprünglich Lehrerin. Beide waren linksliberal, mein Vater las den Spiegel, meine Mutter den Stern. Im damaligen Bayern war das fast revolutionär. Umso schwieriger war es für mich, da noch einen draufzusetzen, so als Teenager in der Aufbruchszeit kurz nach 1968. Also trug ich die kürzesten Röcke und längsten Mäntel – und wollte eigentlich einfach nur weg aus der Enge der 5000-Einwohner-Kleinstadt. Nach dem Abi bin ich dann regelrecht ausgebrochen und zog nach München. Doch auch hier stieß mir die Lodenmantel-geschwängerte, weiß-blaue Omnipräsenz der Heimat-CSU gewaltig auf. Als ich dann 1975 die Möglichkeit erhielt, nach Dortmund ans Theater zu gehen, musste ich gar nicht lange überlegen – und brach nach nur zwei Semestern mein Studium der Theaterwissenschaft, Geschichte und Germanistik ab. Auf ins Ruhrgebiet! Und siehe da: Plötzlich wurde ich mit offenen Armen empfangen; es fühlte sich an, als käme ich endlich heim. Diese Offenheit, dieses Interesse am vermeintlich anderen: kein Vergleich mit dem damaligen München!

Ich liebe das original-schwäbische Hutzelbrot

Sieben Jahre später folgte ich dem Ruf der Liebe, der Kunst, der Liebe zur Kunst. Ich zog als »Managerin« der Politik-Punk-Band »Ton Steine Scherben« um Rio Reiser an den gefühlt vom Allgäu wohl entferntesten Ort in Deutschland: Fresenhagen in Nordfriesland, höchstens zwanzig Kilometer von der dänischen Grenze entfernt. Und wieder war alles anders, deutlich distanzierter als im Pott. Wenn du aber einmal akzeptiert warst, dann für immer. Die Toleranzgrenze war dabei viel höher als im Süden. Soziale Kontrolle gab es kaum, so lange jedenfalls, bis der Gerichtsvollzieher auf der Matte stand. Der bekam dann einen Kaffee – er konnte ja nicht die Musikinstrumente oder die Gasflasche für warmes Wasser mitnehmen. Im Sommer halfen wir auf dem Feld bei der Ernte. Wenn wir dann mal ein bisserl Geld hatten, was nicht oft vorkam, fuhren wir ins fünf Kilometer entfernte Leck und gönnten uns bei Calli eine Runde Schaschlik. Leben und leben lassen – das war Fresenhagen. Aus dem damaligen Bayern kannte ich das so nicht.

Nun also Berlin, inzwischen seit fast zwanzig Jahren. Und was stelle ich fest? Je älter ich werde, desto häufiger zieht es mich zurück nach Bayern. Mit einem ganz neuen Gefühl, weil ich das Bayern von heute als bunt und nicht mehr ausgrenzend wahrnehme. Es ist einfach schön für mich, zu erleben, dass in Bayern heute Türen aufgehen, die sonst immer verschlossen waren: Der christlich-konservative Bauer nimmt mich plötzlich in den Arm, der Trachtler begrüßt mich herzlich. Es sind Brücken entstanden, die auch wir Grüne mitgebaut haben. Dieses Bayern will plötzlich Heimat aller Menschen sein, die dort leben; Heimat, in der du dazugehörst und gebraucht wirst. Jedenfalls sehen das viele so. Bayern, das ist ein Zuhause in einer pluralen Gesellschaft, in unserem vielfältigen Land, in diesem diversen Europa – kurzum: ein Ort, der immer seltener ausgrenzt, lieber Heimat-Minister, sondern einlädt. Auch deshalb sage ich: Das Dirndl überlasse ich nicht der CSU. Weil auch daraus – aus diesem einst stoffgewordenen Inbegriff rückwärtsgewandter, ewig gestriger Traditions-Huldigung, diesem Symbol eines fest zugeschnürten, kleinkarierten, rüschenbesetzten Bayern – längst das unmissverständliche Versprechen, für einige womöglich auch die unheilvolle Drohung, geworden ist, dass uns dieses Bayern in all unserer Verschiedenheit und Farbenfreude so schnell nicht mehr loswird.

Je älter ich werde, desto häufiger zieht es mich zurück nach Bayern

Dabei empfinde ich Heimat nicht zwingend als etwas Geografisches: Das Gefühl stellt sich ein, wo mir Menschen etwas bedeuten. Heimat sind für mich meine zwei jüngeren Schwestern Angela und Michaela. Ohnehin meine Familie. Meine Freundinnen und Freunde, egal wo auf der Welt. Ich habe mal gesagt, dass die Türkei meine zweite Heimat ist – und es gab sofort einen wutentbrannten Shitstorm. Einen von vielen. Trotzdem: Auch dort leben Menschen, die für mich Anker sind in meinem Leben. Heimat kann halt überall sein, wo du dich willkommen und glücklich fühlst.

Es ist einfach schön für mich, zu erleben, dass in Bayern heute Türen aufgehen, die sonst immer verschlossen waren

Und doch, immer häufiger erwische ich mich dabei, wie ich denke: Es ist hier zwar schön auf Reisen, spannende Konferenz, viel zu tun – aber das Allgäu hat doch auch was! Das sind für mich dann der Sound der Sprache und die schöne Natur, ob in Oberstdorf auf dem Berg oder unten am Bodensee. Genauso fühle ich mich plötzlich zu Hause, wenn ich in Immenstadt in der Seilbahn sitze oder den Käse rieche. Und wenn ich in Memmingen bin, genieße ich die Wurst und den Leberkäse aus der Metzgerei Kleiber. Auf die Schiefertafeln im Laden schreibt der Kleiber immer genau drauf, woher das Tier kommt. Da merkst du, mit welcher Leidenschaft und mit welchem Respekt er das Handwerk als Metzger betreibt. Schon als Kind habe ich dort immer eine dicke Scheibe Gelbwurscht in die Hand gedrückt bekommen, wenn ich auf die Einkäufe meiner Mutter gewartet habe. Das vermisse ich in meinem Kiez in Berlin: Dort gibt es keinen einzigen richtigen Bäcker oder Metzger. Stattdessen: Ketten, Masse, Fließband. Nicht zuletzt, weil die Agrarpolitik der letzten Jahrzehnte darin versagt hat, das Wünschenswerte zu begünstigen.

Brot jedenfalls war uns in der Familie immer heilig. Wenn es etwas Frisches vom Bäcker gab, machte mein Vater erst einmal drei Kreuze auf den Laib. Und dann war die alles entscheidende Frage: »Wer kriegt den Giggel?« – also den ersten Anschnitt. Es wurde nie auch nur ein Krümel weggeschmissen. Das war so bei uns im Haus. Ich liebe das original schwäbische Hutzelbrot, eine Art Früchtebrot mit Feigen und Aprikosen.

Wenn ich das esse, ist auch das Heimat für mich. Meine Oma hat es immer zu Weihnachten selbst gebacken – das mochte ich tausendmal lieber als Stollen.

Bis heute steht das Hutzelbrot natürlich jedes Jahr zu Weihnachten auf dem großen Tisch in der Küche meiner Schwester. Sie ist in unserem Heimatort Landärztin geworden, zu ihr in die Praxis kommen die Bauern und Bäuerinnen aus dem Umkreis. Dadurch hat sie einen privilegierten Zugang zum großen Reichtum der regionalen Küche: Sie bekommt gute Enten direkt vom Hof, leckeres Brot vom Bäcker, frische Eier vom Bauern. Auch das hat für mich mit Heimat zu tun, dieses Geben und Nehmen, diese fast bedingungslose gegenseitige Unterstützung. Das lädt einfach den Akku immer wieder auf, weil du weißt, dass du nicht allein bist.

Auch das hat für mich mit Heimat zu tun, dieses Geben und Nehmen, diese fast bedingungslose gegenseitige Unterstützung

Nach dem Tod meiner Mama 2013 hatte ich das Gefühl, ich sei heimatlos geworden. Weil beide meiner Eltern nicht mehr da waren. Mit beiden hatte ich das Heimatgefühl verbunden. Nachdem mein Vater bereits 1998 gestorben war, erklärte uns meine Mutter, dass es ab sofort kein gemeinsames Weihnachtsfest mehr in ihrem Haus gäbe. Weil es für sie nicht mehr dasselbe ohne Papa gewesen wäre. Für mich war das unvorstellbar; ich war doch immer zu Weihnachten ins Allgäu gefahren. Gleichzeitig konnte ich verstehen, dass meine Mutter etwas anderes brauchte. Also verreisten wir fortan mit der Familie. Anfangs war das noch irgendwie befremdlich; einige Reiseziele waren einfach nicht unsers. Dann aber kam der Bregenzer Wald, wo wir ein sehr familiäres Gasthofhotel entdeckten – und immer wiederkamen. Bis zum letzten Weihnachten mit meiner Mama dort.

Seitdem feiere ich bei meiner Schwester Angela, gemeinsam mit der großen Familie. Auch meine andere Schwester kommt aus der Nachbarschaft dazu. Es gibt traditionelles Essen, bunten Weihnachtsschmuck, selbst gebackene Weihnachtsplätzle und eingelegten Lachs von meinem Neffen Maxl – so richtig heimelig und, ja: heimatlich. Vormittags gehe ich zum Friedhof an das Grab unserer Eltern, nachmittags schauen wir gefühlt zum hundertsten Mal »Der kleine Lord« und weinen zum hundertsten Mal an denselben Stellen. Und dann lesen wir die Weihnachtskarten durch. Mein Schwager, der in einer Druckerei arbeitet, beurteilt akribisch genau das Papier, meine Schwester wählt die schönsten und kitschigsten Exemplare aus. Da hat sich ein ganzes Ritual entwickelt. Und letztlich kommt hier doch alles zusammen: Das Gefühl, zu Hause zu sein, verbindet sich gerade zu Weihnachten sowohl mit den Menschen als auch mit dem Ort. Es ist ein Kreislauf, bedingt sich gegenseitig. Und so viel ich auch unterwegs bin: Spätestens am 24. Dezember bin ich zurück im Allgäu. Vielleicht ist Heimat ja genau das, frei nach Trude Herr: »Niemals geht man so ganz.«

Heimat kann überall sein, wo du dich willkommen und glücklich fühlst

Für das Shooting warf Claudia Roth sich in ihrem Büro im Deutschen Bundestag in Schale. Die Idee kam der im Allgäu aufgewachsenen Grünen-Politikerin ganz spontan, als die Autorin sie bei ihrem Stammitaliener »Adnan« in Berlin-Charlottenburg ansprach

Michael Michalsky

MODE-DESIGNER

» Für mein Dorf war ich zu bunt – jetzt ist die Welt mein Spielplatz

Für mich beginnt die Reise in meine Heimat mit dem Regional-Express von Hamburg Hauptbahnhof nach Bad Oldesloe. Meistens zu Weihnachten, ich kehre eigentlich nur noch einmal pro Jahr dorthin zurück. Auf Schienen geht's in etwa 25 Minuten Fahrt durch die norddeutsche Walachei. Plattes Land, so weit das Auge reicht. In Oldesloe steht meine Mutter Rosi im Auto auf mich wartend vor dem Bahnhof. Ich muss dann nur noch reinspringen – und in fünfzehn Minuten bin ich zu Hause. Aufgewachsen bin ich in Meddewade, unter höchstens tausend Einwohnern. Ich wusste schon sehr früh, dass ich da raus will, habe die Tage gezählt, bis ich endlich mein Abitur hatte. Mir war ganz einfach alles zu klein, zu eng, zu wenig. Ich bin immer an meine Limits gestoßen und konnte meinen Hunger und meine Neugierde nicht stillen. Aber ich hege keine negativen Gefühle. Denn mein Wunsch nach permanenter Veränderung und meine Sehnsucht, ständig neue Sachen zu erleben, ist sicherlich daraus gewachsen. Deshalb bin ich dankbar für mein Dorfleben. Wer weiß, was aus mir geworden wäre, wenn ich direkt in einer deutschen Metropole wie Berlin, Hamburg oder München aufgewachsen wäre? Wahrscheinlich hätte ich gar nicht diesen Antrieb, der mich jetzt ausmacht. Aus heutiger Sicht war es vielleicht sogar ein cleverer Schachzug meiner Eltern, meinen vier Jahre jüngeren Bruder Eddy und mich mitten in der Pampa großzuziehen.

Dadurch, dass ich auf dem Dorf aufgewachsen bin, musste ich viel kreativer sein und mir etwas einfallen lassen, um an Informationen aus der Welt zu gelangen. Das kann sich heute niemand mehr vorstellen, aber es gab in den Achtzigern nun mal kein Internet. Wenn man sich, wie ich, extrem für Kunst, Mode und Musik interessierte, dann musste man dafür weite Wege auf sich nehmen. Hamburg war mein Mekka. Dort gab es Museen, die neue italienische Vogue und das The Face, ein Magazin aus England. Und natürlich die Platten meiner musikalischen Vorbilder: Boy George, Grace Jones und die Pet Shop Boys. Wenn einer von ihnen ein neues Album rausbrachte, wurde ich generalstabsmäßig aktiv. Einmal im Monat fuhr ich am verkaufsoffenen Samstag nach Hamburg, um mir im damals angesagten Musikladen WOM, World of Music, stundenlang die neuesten Sachen anzuhören. Dort, im Keller vom Alsterhaus, träumte ich mich in die große weite Welt. Durch die Musik. Oder durch die Literatur. In unserem Dorf machte alle zwei Wochen montags um 14 Uhr der Bücherbus halt. Im Inneren gab es Regale voll mit Büchern und Magazinen. Überwiegend nur das gängige Zeug, No-Brainer wie Schundromane oder Krimis, absolut nichts für mich. Schon mit vierzehn habe ich mich für Architektur und Kunst interessiert. Deswegen beauftragte ich den Herrn Bibliothekar, mir Bücher zum Thema Jugendstil oder Art déco

Bei uns ging es sehr liberal zu, aber zugleich auch sehr preußisch

aus der Landesbibliothek Kiel zu beschaffen. Diese habe ich von vorne bis hinten und von oben bis unten durchgearbeitet, um vierzehn Tage später die nächste Spezial-Bestellung aufzugeben. Ich war bestimmt das einzige Kind in Schleswig-Holstein, das von der Schule immer ein Extra-Scheckheft für die Buchbestellung zugeschickt bekam, wetten?

Auf diese Art war das Klein-Dörfliche in meiner Entwicklungsphase einigermaßen erträglich, den Rest meines Lebens wollte ich mir so aber nicht vorstellen. Daher zog es mich auch schon sehr früh hinaus. Mein Lieblingsziel als Teenager war London, wo ich dann auch nach meinem Abitur 1987 direkt hinzog, um Mode zu studieren. Aber schon während meiner Schulzeit fuhr ich zweimal im Jahr nach England, was ich mir durch wechselnde Nebenjobs finanzierte. Vom Einkaufswagen-Zusammenschieben im Großsupermarkt bis zum Zeitungsaustragen des lokalen Anzeigenblättchens »Markt« mit dem Rad oder auch als Schlafwagenschaffner für die TUI: Die Touren gingen immer freitags mit der Bahn in Hamburg los – entweder in die Alpen oder an die Adria. Ich habe den Reisenden mit ihrem Gepäck geholfen, ihnen das abgepackte Essen serviert und die Betten im Liegewagen aufgebaut. Der Zug bretterte durch die Nacht, und nach der Ankunft hatte ich dann ein paar Stunden Zeit zum Shoppen, bevor es Sonntagnachmittag wieder zurück nach Deutschland ging. Ich hatte dadurch damals viele Klamotten aus Italien, als Einziger. War das toll! Und dazu war es ein irre gut bezahlter Job! Für zwei Touren pro Monat bekam ich zwischen 300 und 500 Mark – das war richtig viel Geld für mich zu der Zeit!

Dadurch, dass ich auf dem Dorf aufgewachsen bin, musste ich mir etwas einfallen lassen, um an Informationen aus der Welt zu gelangen

Bei uns zu Hause ging es sehr frei und liberal zu, aber zugleich auch sehr preußisch. Es gab Pflichten zu erfüllen, die ganz klar unter uns Kindern aufgeteilt waren. Mein Bruder musste im Garten helfen und die Räder reparieren, ich den Geschirrspüler ein- und ausräumen und den Tisch decken. Nach dem Mittagessen machte meine Mutter mit uns die Schulaufgaben und Belohnungen wurden daran geknüpft, was für Noten wir hatten. Wenn ich etwa in Mathe schlecht war, wurde ganz klar gesagt: »Erst wenn du wieder eine Drei schreibst, können wir darüber reden, ob ich dir die zwanzig Mark für eine neue LP gebe!« Na, da habe ich aber gebüffelt, schließlich waren Musik und Mode schon immer meine Passion. Und das wusste meine Mutter. Wir hatten schon immer ein sehr enges Verhältnis. Sie selbst entsprach keinen Klischees: Als sie mich mit gerade mal zwanzig Jahren zur Welt brachte, waren sie und mein Vater noch nicht verheiratet. Ein Skandal in den Sixties. Meine Mutter hat darunter gesellschaftlich extrem gelitten. Bis sich meine Eltern entschlossen zu heiraten, war ich schon zweieinhalb Jahre alt. Unser enges Band ist sicherlich auch darin begründet. Sie hat mich in meinem Anderssein und bei meinen Träumen schon sehr früh bestärkt und unterstützt.

Ich definiere Heimat eher als ein Empfinden des Wohlseins an einem bestimmten Ort, ohne an einen Ort gebunden zu sein

Mein Coming-out hatte ich nie, weil für mich immer klar war, dass ich schwul bin. Ich war immer so, wie ich bin. Deshalb musste ich mich nie hinstellen und sagen, was Sache ist. Natürlich war es Thema in der Schule, aber nie in meinem Freundeskreis. Die Leute, mit denen ich Zeit verbrachte und mit denen ich befreundet war, waren tolerant. Hinter meinem Rücken wurde in meinem Dorf natürlich trotzdem über mich getuschelt, aber eben von denen, die nicht dazugehörten. Da ich noch nie auf den Mund gefallen war, wusste ich mich immer verbal zu wehren. Ich habe schon sehr früh gewusst, dass ich mit Worten sehr viel mehr erreichen kann als mit Gewalt. Wer cool war wie wir, der fand Schwulsein in den Achtzigerjahren schick. Damals sind meine Hetero-Freunde und ich an den Wochenenden in die angesagte Schwulendisco »Front« nach Hamburg gefahren. Wenn man das »Front« mal aus populär-kultureller Perspektive betrachtet, war es einer der wichtigsten Clubs überhaupt. Dort wurde schon in den Achtzigern House gespielt, bevor diese Richtung überhaupt irgendwo anders bekannt wurde.

Ich wusste immer, dass ich anders bin. Das Anderssein habe ich mit meiner Persönlichkeit auch immer ausgelebt, ich habe mich nie unterdrücken lassen. Für mein Dorf war ich zu bunt, heute ist die große weite Welt mein Spielplatz. Ich bin ein globaler Nomade, ich hänge nie an nur einem Ort fest. Heimat ist für mich da, wo ich gerade bin, ob in Berlin, Los Angeles, Tokio oder auf Ibiza. Ich definiere Heimat eher als ein Empfinden des Wohlseins an einem bestimmten Ort, ohne an einen Ort gebunden zu sein. Außer mit einem Kumpel von damals, den ich einlade, wenn ich in Berlin auf der Fashion Week meine Show veranstalte, habe ich mit keinem von damals mehr Kontakt. Ich lebe in der Gegenwart und freue mich auf die Zukunft. Ich bin kein nostalgischer Typ und war auch nie bei einem Klassentreffen. Wozu? Ich finde es ganz schlimm, wenn Leute die Vergangenheit so glorifizieren. Wenn jemand sagt »früher war alles besser« hat die Person doch eigentlich mit dem jetzigen Leben abgeschlossen. Wenn man nur davon lebt, wie etwas einmal war, dümpelt man nur durch das jetzige Leben. Ich lebe im Hier und Jetzt und freue mich auf das, was als Nächstes kommt. Eben weil ich so neugierig bin, genauso wie schon damals als kleiner Michi vom Dorf.

Mein Coming-out hatte ich nie. Weil für mich immer klar war, dass ich schwul bin

Im November 2017 sprach die Autorin Michael Michalsky beim Jamiroquai-Konzert wegen »HEIMAT« an, im Mai darauf fanden das Interview und Shooting in Berlin statt – weil der Designer vorher noch in Los Angeles »GNTM« mit Heidi Klum abdrehen musste

Christin Nichols

SCHAUSPIELERIN &
SÄNGERIN

»Meine britischen Wurzeln gehören zu mir wie die Queen zu England

Meine Urgroßeltern mütterlicherseits waren ein fahrendes Volk, das mit Pferden und Planwagen durch Europa gereist ist. Mein Opa wurde »Der schwarze Peter« genannt, weil er ganz dunkel war. Aber es war auch schwarze Magie im Spiel. Meine Großtante Bettie besaß das zweite Gesicht, sie konnte nicht nur Warzen besprechen, sondern auch Dinge voraussehen. Das kommt väterlicher- und mütterlicherseits in unserer Familie vor. Seitdem ich drei Jahre alt bin, sind mir Vorahnungen selbst nicht fremd: dass man an etwas denkt, was dann auch tatsächlich passiert. Es ist eigentlich gar nicht verwunderlich, denn die logische Gehirnhälfte nimmt sieben Eindrücke wahr, das Unterbewusstsein 70 000 – pro Sekunde! Jeder Mensch trägt diesen Urinstinkt in sich und könnte sich damit verbinden. Ich für meine Fälle schöpfe daraus Vertrauen – meine Zuversicht ist meine Heimat. Eine innere Sicherheit, dass immer alles gut wird. Wenn alle Stricke reißen, komme ich im Leben immer irgendwie durch. Ich trage alles in mir, ich bin der Mensch, der mir am nächsten steht.

Dadurch kann ich mich auf meinen vielen Reisen überall wohlfühlen – weil ich ja das Wichtigste immer bei mir habe. Wenn ich gefragt wurde, woher ich komme, hatte ich jahrelang Schwierigkeiten, eine konkrete Antwort zu geben. Ich komme vom Land, aber auch aus der Stadt. Ich habe spanische, aber auch englische Wurzeln. Genauso polnisches Blut, weil meine Mutter Petra halb deutsch, halb polnisch ist – meine Oma Christel kam aus Masuren in Ostpreußen. Mein Opa väterlicherseits, Charles Nichols, war nach dem Krieg 1945 englischer Besatzer. In der Nordwestzone, in der meine Mutter aufwuchs und heute noch wohnt, verliebte sie sich in meinen Vater Mike. Er war ein Lebemensch, liebte die Kunst und die Musik. Bei uns in Bünde in Nordrhein-Westfalen eröffnete er die erste Musikkneipe »Dolbi«. Dort liefen die Rolling Stones, Suzi Quatro oder Led Zeppelin – seine Plattensammlung war riesig. Er war Rock'n'Roll! Mit seinem Kumpel Emil ging er gern als Blues Brothers verkleidet zu irgendwelchen Feiern. Von ihm habe ich bestimmt die Lebenslust. Und ganz klar das englische Aussehen: die fast schneeweiße Haut und das rote Haar. Mein Vater starb, als ich vierzehn Jahre alt war. Damals lebten wir zwischenzeitlich auf Mallorca, wo er für deutsche Touristen einige Videotheken betrieb. Von jetzt auf gleich fiel er plötzlich um und war tot.

Meine Zuversicht ist meine Heimat

Das ist für mich alles weit weg. Ich weiß nur noch, dass wir nach der Beerdigung wieder zurück in meinen Geburtsort Bünde zogen, wo ich 2001 in die zehnte Klasse rutschte und später auch mein Abi machte. Aber anfangs konnte ich mich schlecht auf Deutsch ausdrücken oder schreiben, weil ich die Jahre zuvor auf Mallorca nur Spanisch und Englisch gelernt und gesprochen hatte. Und zu Hause wurde ich in erster Linie sehr stark englisch sozialisiert: Wir guckten immer britisches Fernsehen, zum Beispiel »Coronation Street«, den Vorreiter der deutschen »Lindenstraße«. Statt der Gebrüder Grimm kannte ich als Kind Märchen wie »Goldilocks and the Three Bears«.

Ich trage meinen Nachnamen mit Stolz, ich möchte, dass dieser englische Teil in mir nicht verloren geht. Meine britischen Wurzeln gehören zu mir wie die Queen zu England. Und ich liebe die Royal Family und ihren ausgeprägten Sinn für Traditionen. Für die Hochzeit von Prinz Harry und Meghan Markle fuhr ich extra von Berlin mit dem Zug nach Hause, um das Royal Wedding mit meiner neunzigjährigen Oma Lisa bei einem Gläschen zu feiern: »*Now we have a Jäger, Chrissi*!« waren ihre Worte. Ob bei Jägermeister oder lieber Bier, ich mag es, zusammenzusitzen. Ich mag das Gesellige, ich mag das Einfache.

Bei meinem Mann bin ich angekommen

Ich weiß, dass man nicht viel Geld braucht, um glücklich zu sein. Ich könnte mir morgen nur einen Rucksack schnappen und losziehen. Weil ich schnell loslassen kann, weil ich mein Herz nicht an Dinge hänge. Außer an meinen Mann Martin Waldmann. Wir haben uns vor vier Jahren kennengelernt, letztes Jahr in Las Vegas geheiratet. Bei ihm bin ich angekommen. Er passt auf mich auf, genauso kann ich aber auch ihn mitreißen. Martin ist auch Künstler, versteht mich und meine Welt und kreiert alle Musikvideos für meine Band Prada Meinhoff. Dieses Jahr schrieb er das Buch für das Theaterstück »They called her Nico« über die Andy-Warhol-Muse Nico für die Berliner Volksbühne. Mit mir in der Hauptrolle.

Die Bühne kann auch eine Heimat sein. Vielleicht kann ich mir deshalb nicht nur eine einzige Heimat vorstellen, weil ich mir als Schauspielerin und Sängerin ausmalen kann, ganz viel zu sein. Ich fand es immer schon toll, mich auszuprobieren. Mit acht habe ich die Mini-Playback-Show auf Dorffesten gesungen oder Ballett getanzt. Mit zehn war ich Statistin in einigen deutschen Produktionen, zum Beispiel in »Ballermann 6« auf Mallorca. Ich habe also immer irgendwas irgendwo aufgeführt. Die Bühne war mir immer schon vertraut: Ich komme einfach von da, ich kenne das nicht anders. Im Kinderzirkus in Deutschland machte ich Seiltanz oder Pantomime im Schwarzlicht. Ich mochte diese Gaukler- und Akrobatik-Szene immer schon sehr, das liegt wohl an meiner Familiengeschichte des fahrenden Volkes.

Meine Mama hat mich von Anfang an ermutigt und unterstützt. Von ihr habe ich die Fähigkeit zu quatschen, sie lernt genau wie ich schnell Leute kennen und hat keine Berührungsängste. Sie ist sehr empathisch und hat mich im Leben Lässigkeit und Entspanntheit gelehrt: Immer wenn ich weinend bei ihr ankam und mir Sorgen machte, sagte sie: »Für wen denn, für was denn all die Tränen? Bleib entspannt, alles wird immer gut.« Es gibt Phasen im Leben eines jeden, in denen es einem nicht so gut geht. Inzwischen frage ich mich: Wie wäre es, wenn du mit dem Kind, das du mal warst, reden würdest? Mit der drei-, vier-, fünf-, sechs-, sieben-, achtjährigen Chrissi? Dann würde ich wie meine Mutter sagen: »Alles wird gut, ich nehme dich in den Arm, ich bin bei dir und halte dich. Mach dir keine Sorgen!« – so spreche ich also manchmal mit mir und meinem inneren Kind. Neben diesem Learning habe ich auch deutsche Werte auf den Weg mitbekommen: Ich stehe zu meinem Wort. Ich arbeite hart. Ich bin spießig. Ja, tatsächlich. Ich beschwere mich in der Bahn, wenn irgendwelche Songs zu laut aus irgendwelchen Kopfhörern dröhnen. Obwohl ich selbst Musik mache und liebe! Aber da sieht man wieder: Das eine schließt das andere nicht aus. Ich finde es sowieso schwierig zu kategorisieren, was typisch für einen Beruf, für ein Geschlecht oder für eine Nation sein soll. Freundliche, empathische, coole Menschen gibt es in jedem Geschlecht, in jeder Reichtums- und Berufsklasse – und in jedem Land. »*Be yourself is all that you can do!*« – und ja, ich bin bei mir.

Die Bühne kann auch eine Heimat sein

Ob auf der Bühne als Schauspielerin oder »Prada Meinhoff«-Sängerin – die Halb-Engländerin ist eine echte Rampensau. Durch ihre Power und Präsenz auf einem ihrer Konzerte stach Chrissi der Autorin buchstäblich ins Auge, dass sie die Berlinerin für das Buch gewinnen wollte

Ian Kiru Karan

UNTERNEHMER &
KUNSTMÄZEN

»In Hamburg habe ich gelernt, mich durchzuboxen

Für mich bedeutet Heimat Verbundenheit mit einem Ort, an dem ich mich wohlfühle, die Menschen verstehe, respektiere und zum Teil auch liebe. Ich weiß noch ganz genau, wann sich dieses Gefühl bei mir in Bezug auf Hamburg einstellte. Es war 1991. Meine Frau Barbara und ich befanden uns auf dem Rückflug von New York, und beim Landeanflug über Fuhlsbüttel nahm ich ihre Hand und sagte: »Wir sind wieder zu Hause … in unserer Heimat!« Das war für mich wie eine Art Befreiungsschlag. Ohne zu überlegen, war es mir herausgerutscht.

Zu dem Zeitpunkt lebte ich bereits seit 21 Jahren in der Hansestadt. Lange Zeit fühlte ich mich nicht heimisch in Deutschland. Die Sprache war mir genauso fremd wie die Art zu leben. Hinzu kam, dass ich niemanden kannte. Die Tatsache, dass ich damals allein war und anfangs noch als Tellerwäscher in einem Restaurant jobbte, gab mir stets das unwohle Gefühl, nicht dazuzugehören. Erst als ich mit den Menschen auf Deutsch kommunizieren konnte und begann, Freundschaften zu schließen, fühlte ich mich langsam wohl. Es gehören immer zwei dazu, es ist ein Geben und Nehmen. Auf der einen Seite derjenige, der in der Fremde versucht, sich einzugewöhnen und zu etablieren, auf der anderen Seite der Einheimische, der den Zugereisten unterstützt und auf den richtigen Weg bringt. Die Hamburger waren mir gegenüber immer sehr verständnisvoll und hilfsbereit.

Alles, was ich heute bin, bin ich in Hamburg geworden: Hier habe ich Zuspruch erhalten und meine zweite Ehefrau gefunden, hier lebt meine Familie. Meine erste Ehe zerbrach, weil ich als Vollwaise kein Vorbild hatte, wie es in einer Ehe abläuft: Was macht der Vater, wie ist das Verhältnis zwischen Vater und Mutter? Ich war vollkommen fremd in dieser Ehe. Meine Mutter Anna verstarb 1939 bei meiner Geburt, nur drei Jahre später starb auch mein Vater John als Soldat der Luftwaffe im Zweiten Weltkrieg in Nordafrika. In Sri Lanka wurde ich daher anfangs von meiner Oma Amama großgezogen. Damals war sie schon 76 Jahre alt, und weil sie nicht mit mir und meiner Energie umgehen konnte, steckte sie mich zu meinen zwei Schwestern Ranji und Malar ins Mädcheninternat. Die wollten in ihrem Alter, sie waren damals bereits sechzehn und achtzehn Jahre alt, nichts mit einem daumenlutschenden kleinen Jungen zu tun haben. Deshalb ist meine Beziehung zu Sri Lanka bis heute sehr gespalten. Das Internat war für mich nie ein Zuhause, es war immer nur eine Durchgangsstation ohne Liebe und Wärme. Aus Verbundenheit und aus dem Gefühl heraus, dass mein Ursprung in Sri Lanka liegt, zolle ich meiner alten Schule allerdings Respekt und bin dankbar für

Meine Mutter Anna verstarb 1939 bei meiner Geburt

all das, was ich dort gelernt habe und was mir später auf meinem Weg geholfen hat. Deshalb unterstütze ich mein kleines Dorf Point Pedro und die jungen Menschen vor Ort: Vor vier Jahren bauten wir ein Internat für 160 Waisenkinder. Durch den Krieg wachsen viele Kinder wie ich damals ohne Eltern auf. Wenn es darum geht, für junge Menschen eine Zukunft zu gestalten, versuche ich zu helfen.

Das Internat war immer nur eine Durchgangsstation ohne Liebe und Wärme

Wir sind momentan dabei, ein Krankenhaus in Point Pedro, im Distrikt Jaffna, zu bauen, das voraussichtlich Ende 2020 fertiggestellt wird. Deshalb war ich seit 2012 fast jedes Jahr dort. Meine noch lebenden Geschwister wohnen inzwischen woanders: Meine Schwester Ranji in Sydney und mein Bruder Sam in Melbourne. Ich habe sie zwar beide im März 2017 besucht, aber mein Kontakt war nie sehr eng zu ihnen, da sie eben alle sehr viel älter als ich waren. Man kann es nicht mit der engen Verbindung, die bei meinen vier Kindern untereinander besteht, vergleichen. Obwohl sie zwei unterschiedliche Mütter haben, spüre ich deutlich ihre Geschwisterliebe. Das habe ich leider selbst nie so empfunden oder erfahren.

Meine Kinder Navina, Niclas und Jessica wohnen in meinem Hamburg, mein Sohn Oliver lebt in Berlin. Ich fühle mich wohl in der Hansestadt, weil es nicht der allgemein deutschen Mentalität entspricht. Hamburg ist in einer gewissen Weise anglophil – und meine elf Jahre in England während meiner Schule und meines Studiums haben mich sehr geprägt. Ich bin mit dem englischen Humor groß geworden, der immer noch Teil meines Lebens ist. Man sagt, dass der Hamburger dem Engländer nah ist – und das kann ich bestätigen. Mit siebzehn habe ich in London zwei Jahre geboxt, danach habe ich gelernt, mich in Hamburg durchzuboxen. Und es hat geklappt, ich wurde belohnt. Statt Faustschlag wird hier unter Kaufmännern alles per Handschlag geregelt. Ein gesagtes Wort zählt. »Egal, was du versprichst, du musst es einhalten – sonst bist du in Hamburg unten durch«, gab mir ein ganz besonderer Mensch in meinem Leben mit auf den Weg.

Meinen Weg hätte ich sicherlich nicht ohne die Unterstützung von Fritz Schröder einschlagen können, meinem ersten »Big Boss«, der zu meinem Förderer und engen Vertrauten wurde. Ich erinnere mich noch ganz genau an unsere erste Begegnung: An einem Donnerstag wurde ich um 15 Uhr zum Gespräch in seinem Büro erwartet. Ich war fünfzehn Minuten vor dem Termin im Empfangsbereich, die Sekretärin war nicht an ihrem Platz. Durch die offene Tür konnte ich einen eleganten Herrn an seinem Tisch sitzen sehen. Ich wurde von ihm hereingebeten und nach weniger als drei Minuten bot er mir einen Sherry an. Ich dachte: Die Deutschen wissen, wie man es macht! – dass sie an einem Donnerstagnachmittag einem kleinen Angestellten einen Drink anbieten, gefiel mir. »*Why not?*«, antwortete ich, während Herr Schröder mir einschenkte. Nach einer Viertelstunde kam seine Sekretärin entsetzt herein und erklärte, ich sei nur ein Angestellter. Es handelte sich um ein Missverständnis, Herr Schröder hatte mich für einen wichtigen Kunden seiner Spedition gehalten. Da war es aber schon zu spät, wir waren bereits miteinander warm geworden. Wir unterhielten uns weiter, er lobte mich für meine Arbeit und fragte, ob ich in seiner Firma glücklich sei. Das war ich absolut, aber nicht mit meinem Gehalt – ich verdiente zu dem Zeitpunkt nur 750 Mark. Das Gespräch führte am Ende dazu, dass er mir die Summe verdoppelte und wir uns ab dem Zeitpunkt jeden Donnerstag zur selben Zeit zum Tee trafen. Wir unterhielten uns auf Englisch, Herr Schröder verbesserte dadurch seine englischen Sprachkenntnisse und ich mein Verhältnis zu meinem Vorgesetzten. So konnte ich eine kleine Karriere in seiner Spedition Max Grünhut beginnen. Er gab mir viele Weisheiten mit auf den Weg, darunter auch: »Wenn du mit Leuten unter 1 Meter 75 zu tun hast, nimm dich in Acht!« – da konterte ich: »Hallo, Chef, Ihnen ist sicherlich aufgefallen, dass ich 1 Meter 72 groß bin!« – »Ja, aber in deinem Land bist du normal groß«, sagte Herr Schröder beruhigend. »In Deutschland hingegen wird man als Giftzwerg bezeichnet, also pass auf!«

Meine Beziehung zu Sri Lanka ist bis heute sehr gespalten

Ich blieb anderthalb Jahre in seiner Firma, durch meine Tätigkeit kam ich erstmals in Kontakt mit Containern, den ersten großen Ladungen nach Los Angeles und New York. Damals musste man als Spediteur die Container selbst stellen. Die Spedition besaß keine eigenen Container, und ich war dafür zuständig, diese anzumieten. Die Vermietfirma, mit der wir zusammenarbeiteten, saß in Chicago, und ich baute den Kontakt zu deren Vertreter in Deutschland auf. Sein Name war Uwe. Da er gerade erst aus den USA nach Deutschland gezogen war und kaum jemanden kannte, nahm ich mich seiner an, und wir befreundeten uns rasch miteinander. Nur vier Monate später starb Uwe tragischerweise bei einem Autounfall. Bei seiner Beerdigung saß ich zufällig neben einem Amerikaner, mit dem ich später ins Gespräch kam. Und so stellte sich heraus, dass er der Geschäftsführer aus den USA war und mich fragte, ob ich die Nachfolge des verstorbenen Freundes antreten würde. Mir erschien der Zeitpunkt falsch, zudem hatte ich tatsächlich kein Interesse, weil meine Karriere in meiner damaligen Firma gut lief. Ich lehnte ab, aber er blieb hartnäckig, sodass ich letzten Endes doch die Einladung zum Vorstellungsgespräch annahm.

Es war ein Montag, ich ging ohne Ambitionen hin. Ich verdiente damals in der Speditionsfirma 2500 Mark und hatte einen kleinen Volkswagen als Firmenauto – ich war an sich ein gemachter Mann. Und wie gesagt, ich wollte gar nicht den Job wechseln. Als die Frage nach meinem Verdienst kam, sagte ich: »10 000!« – er schluckte, sagte aber nichts. Meine damalige Freundin Dagmar, die meine erste Frau wurde, hielt mich für verrückt, als ich ihr abends die Geschichte erzählte. Drei Wochen später bekam ich ein Telex, damals gab es ja noch keine E-Mail oder andere neuartige Dinge. Darauf stand »We agree to employ you at a salary of US-Dollars 10 000.« – umgerechnet 24 000 Mark! Das war eine unglaubliche Riesenüberraschung, ich hätte nie gedacht, dass er diesen Betrag in Dollar zahlen würde – aber so sieht man, wie die Amerikaner zu dem Zeitpunkt waren: überheblich ohne Ende! Mein Mentor Fritz Schröder verkraftete es leider nicht, dass ich meine Kündigung einreichte. Er wollte mir auch kein Wort glauben, als ich ihm die Höhe des Verdienstes als Argumentation nannte. Der dachte:

Der Junge spinnt! – und sprach vor lauter Enttäuschung sieben oder acht Jahre nicht mit mir. In unserem Versöhnungsgespräch zeigte er sich stolz über meine Leistungen. Ich bin ihm bis heute sehr dankbar für die Chance, die er mir gegeben und wie er mich beruflich geformt hat. Als ich bei ihm anfing, war ich noch ein kleiner Angestellter, kein Kaufmann. Seine Schule half mir in meinen späteren Jahren extrem weiter.

Die amerikanische Firma rutschte dreieinhalb Jahre später in die roten Zahlen und wurde von den Japanern übernommen. Ich hatte immer gern mit den Amerikanern zusammengearbeitet, weil sie mir völlige Freiheit gaben, die Geschäfte zu machen. Fortan dauerten die Entscheidungsfindungen zu lange, weil die Japaner immer zu sehr darauf bedacht waren, ihr Gesicht zu wahren, »*saving face*«. Ich kündigte und machte mich 1975 in der Container-Leasing-Branche selbstständig. Innerhalb von achtzehn Jahren war meine Firma mit 104 000 Containern die Nummer 7 in der Welt. Die Firma war umworben von Konkurrenten und schließlich bin ich einen Vertrag mit einem englischen Konkurrenten eingegangen. Er hat sich meine Firma einverleibt, indem er die finanziellen Verpflichtungen an Banken prompt zahlte, aber es unterließ, meinen Gewinn zu überweisen. Dies war eine große Katastrophe für mich, wo ich doch mit einem Gewinn von 21 Millionen US-Dollar gerechnet hatte. Nun stand ich mit dem restlichen Kredit von fünf Millionen Mark allein da. Ich konnte nicht mit Schulden in so einem schönen Haus leben und habe mich entschlossen, das Haus zu verkaufen und meine Schulden weitestgehend zu begleichen. Nach drei Jahren Karenzzeit habe ich wieder eine neue Container-Vermietfirma mit einem finanzstarken Partner etabliert, und mit einer expandierenden chinesischen Wirtschaft konnte ich rapide aufbauen. Nach zehn Jahren hatte ich eine Flotte von 520 000 Standard-Containern mit einer Originalinvestmentsumme von 1,4 Millionen US-Dollar. Diese schwindelerregende Expansion und die Leichtigkeit, mit der man Investitionskapital akquirieren konnte, war mir nicht ganz geheuer, weshalb ich mich 2007 dazu entschloss, die Firma

Alles, was ich heute bin, bin ich in Hamburg geworden

Capital Lease zu verkaufen. Nach mehreren Monaten Verhandlungen mit elf verschiedenen Interessenten habe ich die Firma schließlich an zwei Banken veräußert. Damit habe ich nicht nur den Verlust, den ich beim ersten Verkauf erlitten habe, wettgemacht, sondern auch die Summe mehrfach verdient. Es ist so, als ob der liebe Gott das Unrecht, das mir angetan wurde, wiedergutmachen wollte.

Ich schätze die Verlässlichkeit, die Fairness, das Fairplay – das macht Hamburg aus. Ich kann nicht sagen, ob München, Düsseldorf oder Berlin ganz anders sind. Aber Hamburg ist identitätsstiftend, es hat seine eigene Art und Methodik in dem, was man tut und wie man es tut. Man darf das anderen Menschen in Deutschland nicht absprechen, das will ich auch gar nicht. Aber der Begriff »ehrbarer Kaufmann« ist zu Recht in Hamburg entstanden.

Das Interview mit Hamburgs Ex-Wirtschaftssenator fand bei Ceylon-Tee in dessen Büro an der Außenalster statt, wonach Ian Kiru Karan die Autorin einige Wochen später zum Labskaus im »Henriks« einlud. Beflügelt von so viel Herzlichkeit entstand der Slogan »High von Heimat«

Jessica Schwarz

SCHAUSPIELERIN

»Der Geschmack von Kochkäse beamt mich zurück in meine Kindheit

Immer wenn ich in meiner Heimatstadt Michelstadt bin, führt mich der erste Gang direkt in die Küche – und dann schmiere ich mir erst mal eine deftige Stulle mit hausgemachtem Kochkäse. Ich habe das Glück, dass die Köche in unserem hoteleigenen Restaurant das beste Rezept beherrschen. Sobald die beiden hören, dass ich anreise, heißt es: »Die Jessi kommt, rührt den Kochkäse an!« Das sind für mich Kindheitserinnerungen: Meine Eltern, meine Schwester Sandra und ich sind damals oft in Richtung

Watterbach gewandert. Ob zu Karneval, am 1. Mai oder durch den Schnee im Winter. Dort, an der Grenze zu Bayern, gibt es ein ganz besonderes Ziel: eine uralte zünftige Kneipe mit köstlicher Hausmannskost. Die backen das Brot selbst, und der Kochkäse ist noch warm, wenn es serviert wird. In der Gaststätte in Watterbach kann man sich kulinarisch aus der Region verwöhnen lassen. Wenn wir Strammer Max bestellt haben, gab es oft einen Familien-Wettbewerb: Wer schafft die meisten Eier? Das war natürlich mein Papa. Ich erinnere mich, wie er tatsächlich einmal neun Eier gegessen hat.

An diese Ausflüge mit meiner Familie denke ich gerne zurück, auch an die zum Hermannstempel, nach Würzberg und an unsere Wanderungen über Steinbuch, vorbei an der Einhardsbasilika, nach Bad König. Meine Eltern haben Traditionen geliebt und gelebt. So mussten meine Schwester und ich immer um Punkt 18 Uhr zum Abendessen zu Hause am Tisch sitzen. Du konntest wirklich die Uhr danach stellen: Dann gab es einen sehr lauten und eindringlichen Pfiff meines Vaters, der wirklich durch die ganze Stadt ging. Keiner machte das sonst, nur mein Vater. Die Glocken der Kirchturmuhr verkündeten sowieso laut, dass es sechs Uhr war. Wir hatten dann zu Hause zu sein, Punkt. Aus. Es gab viele erbitterte Kämpfe darum, weil wir draußen noch die anderen Kinder spielen hörten. Aber nein, keine Diskussion. Wenn wir erst einmal drin waren, durften wir auch nicht noch mal vor die Tür.

Ich habe mir ein Stück Michelstadt nach Wien geholt

Genauso wie ich den Pfiff meines Papas noch im Ohr habe und problemlos nachpfeifen kann, muss ich bei einem gewissen Ding-Dong auch an Michelstadt denken. Wir hatten ein Ladengeschäft, in das jeder rein- und rauslaufen konnte – und sobald die Tür ging, machte es Ding-Dong. So bekamen wir mit, dass Kundschaft kam, auch während wir hinten in der Küche zu Mittag aßen. Sobald es klingelte, mussten Sandra oder ich uns in den Gang setzen und aufpassen, wenn meine Mutter kochte oder mein Vater unterwegs war. Wir sind quasi richtige Ding-Dong-Kinder. Meine Eltern hatten dieses Geschäft 1971 gemeinsam vom Onkel meines Vaters übernommen, jeden Morgen um 7 Uhr wurde es aufgeschlossen. Dort haben wir zum Beispiel Zigaretten, Zeitungen und Zeitschriften, Panini-Bilder, Feuerwerkskörper, touristische Artikel und auch hochwertigen Schmuck verkauft. Ich mochte die Atmosphäre immer sehr gern, wir sind so schon früh dazu erzogen worden, mit unterschiedlichen Menschentypen auszukommen. Wenn man das Ding-Dong mal wegen Geklappere in der Küche überhört hatte, standen die Kunden plötzlich direkt bei uns am Esstisch. Es hat sich bei uns immer alles in der Küche und in dem Ladengeschäft abgespielt, das war gesellig und unterhaltsam. Und natürlich passierten auch viele skurrile Dinge: Einmal mussten Sandra und ich den Laden fast ganz alleine schmeißen, weil meine Eltern auf einer zweiwöchigen Reise in Alaska waren und der Mann unserer Angestellten in dieser Zeit gestorben war. Die Frau musste sich natürlich um die Beerdigung kümmern. Und wir? Wir waren so ziemlich auf uns allein gestellt, auch weil es noch keine Handys gab, mit denen wir unsere Eltern auf ihrem Whale-Watching-Trip hätten erreichen können. Wir waren damals vierzehn und sechzehn. Damit wir zumindest in die Schule konnten, machten Bekannte und Verwandte den Laden morgens auf, wir schwänzten aber auch mal die Schule. Als ich schon drauf und dran war, die Behörden in Alaska anzurufen und zu fragen, ob jemand verschollen ist, riefen unsere Eltern endlich an. Da sie sowieso drei Tage später in den Flieger zurück nach Michelstadt gestiegen wären und wir schon so gut organisiert waren, haben wir einfach weitergemacht. Wir wurden sehr selbstständig erzogen, mit einer gehörigen Portion Mut und Selbstbewusstsein. Unsere Eltern haben uns immer sehr viel zugetraut. Sie haben ihr Leben gelebt, genau so tun wir es heute auch. Und Mama und Papa hatten immer Vertrauen in uns, sonst hätten sie mich nicht schon mit sechzehn in die große weite Welt hinausgelassen.

Ich genieße das Machen und Tun mit der engsten Familie

Ich wollte als Teenager unbedingt raus aus Michelstadt und habe von Tokio bis Australien gemodelt. Während dieser vier Jahre von 1994 bis 1997/98 war ich wirklich nur an Weihnachten zu Hause und habe auch ansonsten nicht oft angerufen. Weil ich mich selbst kennenlernen und selbstständiger werden wollte, ich wollte es alleine schaffen, egal wo auf dieser Welt. Als ich mit siebzehn knapp vier Monate in Australien war, spürte ich zum ersten Mal, was Heimweh bedeutet. 16 000 Kilometer entfernt von daheim, am anderen Ende der Welt. Ich hatte zum ersten Mal das ganz dringende Bedürfnis, nach Hause telefonieren zu müssen. Das lag nicht daran, dass ich allein war, ich habe mit sehr lieben Menschen zusammengewohnt. Auch mit einer Masken- und Kostümbildnerin und ihrem Hund Harrison, den wir nur Harry nannten, wenn er böse war. Damals habe ich sehr viel von Michelstadt und von Deutschland erzählt. Weil es mir so gefehlt hat, weil dort unten echt alles anders war. Ich hab mich damals auf alle Fälle einen ordentlichen Schritt weiterentwickelt und noch besser verstanden, woher ich komme. Wenn ich auch nicht sagen könnte, was an mir besonders hessisch ist – dafür war ich vielleicht einfach schon zu früh und zu lange überall in der Welt unterwegs. Ich bin ein Mix aus allem.

Für die einen bin ich immer noch »die kleine Jessi aus Michelstadt«, aber natürlich habe ich mich in all den Jahren verändert. Wichtig ist das Grundgerüst, das man aus seiner Heimat und durch die Erziehung seiner Eltern mitbekommen und mitgenommen hat. Mir wurden Bodenständigkeit und Beschaulichkeit mitgegeben. Meinem Vater war es nie peinlich, mit dem anzugeben, was er hat. Uns drei Frauen, also meiner Schwester, meiner Mutter und mir, war es hingegen immer total unangenehm, da waren wir voll auf einer Wellenlänge: »Mönsch, Papa, nun reiß dich doch mal ein bisschen zusammen! Was sollen denn die Leute von uns denken?« Das war immer ein Thema. Natürlich weil wir den Laden hatten und weil Michelstadt eben keine Großstadt ist. Daran habe ich in all den Jahren stark zu arbeiten versucht: mir nicht immer den Kopf darüber zu zerbrechen, was die anderen von einem halten, sondern das zu tun, was ich will. Es war immer sehr wichtig, welches Bild wir nach außen gegeben haben. Meine Schwester ist für mich da ein Spiegel. Inzwischen gehe ich damit

Ich habe früh gelernt, auch meine eigene Heimat zu sein

anders um: Ist doch völlig wurscht, was der, die, das gerade denkt. Aber ich wohne auch nicht mehr dort, Sandra hingegen schon, mitten auf dem Präsentierteller. Man lebt sowieso öffentlich, wenn man ein Restaurant und zwei Hotels mitten am Platz hat. Du bist für jeden immer greifbar.

In der Zeit, in der ich nun mit meiner Schwester an unserem zweiten Hotel »Träum weiter« gearbeitet habe, wurde mir bewusst, wie sehr ich dieses Machen und Tun im Kollektiv mit der engsten Familie genieße. Man hat eine ganz andere Motivation, man ist stark, weil man zusammen alles schaffen kann – das ist ein ganz besonderes Gefühl. Als ich danach wieder alleine auf eine kurze Reise musste, fühlte ich mich sogar verloren. Das liegt natürlich daran, dass wir in Michelstadt wirklich alle zusammen waren: meine Mutter, meine Schwester, ihr Mann und deren drei Kinder, mein Freund Markus und unsere zwei Kinder. Die Michelstädter meinten schon, warum ich denn nicht wieder zurückziehen würde. Aber genauso weiß ich, es gehört dazu, dass sich dieses Gefühl sozusagen irgendwann verspielt und ich auch wieder gut allein sein kann. Denn ich bin auch meine eigene Heimat. Das habe ich früh lernen müssen, ich habe es früh gesucht und auch gebraucht.

Meine Heimat ist in meinem Kopf, in meinem Herzen, in meiner Seele. All die Menschen, die ich liebe, sind Heimat für mich

Inzwischen ist seit einigen Jahren Wien meine Wahlheimat. Das liegt in einem anderen Land, das macht natürlich noch mal einen Unterschied, aber es heimatet dort schon sehr für mich. Was natürlich daran liegt, dass ich dort meine eigene Familie gefunden habe. Aber bestimmt spielt es auch eine Rolle, dass ich in Wien die Freiheit genießen darf, dort ganz ich selbst zu sein. Es ist meine Heimat-Oase, dort steht die Arbeit nicht im Vordergrund, sondern ich lebe und erlebe meinen Alltag: kochen, putzen, Sport machen, radfahren und schwimmen, meine Ärzte sind inzwischen alle dort. Was das angeht, bin ich in Berlin, wo ich viele Jahre gelebt und auch noch meine Wohnung habe, mittlerweile irgendwie etwas verloren.

Wenn man unser Zuhause in Wien sieht, könnte man auch denken, man wäre in einem Häuschen in Michelstadt. Freundinnen unserer Kinder kamen zu Besuch und meinten: »Wow, das ist ja ein Haus auf einem Haus, das ist so schön verwinkelt.« Man geht bei uns mal die Treppen hoch, mal die Treppen wieder runter, dann geht's um die Ecke, dass man sich ein bisschen bücken muss – genau so ist es fast überall in Michelstadt in den Häusern: alles verwinkelt, überall Treppchen mittendrin. Und von außen Fachwerk. Als ich unsere Wohnung in Wien das erste Mal sah, wäre ich am liebsten sofort eingezogen, es war Liebe auf den ersten Blick. Heute weiß ich, dass bei mir so intensive heimatliche Gefühle aufgekommen waren, weil ich es eben von zu Hause kannte.

Im Odenwald sind wir damals als Kinder beim Blumen-Korso mitgefahren, wir waren leidenschaftliche Karnevalisten. Sandra und ich waren jahrelang im Karnevalsballett als Majorette-Mädchen. Es gab immer zwei Auftritte während der Büttenreden, bei denen wir getanzt haben. Karneval gehört für mich noch immer zum Heimatgefühl dazu, aber ich würde heute keine Umzüge mehr mitmachen. Ich bin mir sicher, dass meine große Liebe fürs Verkleiden auch daher rührt. Zu dieser Zeit gab es für meine Schwester und mich nichts Schöneres, als die Kostüme zu tragen und den Stock zu werfen. Wenn sich heute in Wien die Kinder von meinem Markus verkleiden wollen, bin ich immer die Erste, die ihnen stundenlang Gesichter malt und verrückte Sachen anzieht. Meine Mutter hat das genauso bei uns gemacht. In Berlin sind sie zu cool dafür – ich habe tatsächlich noch nie eine Motto-Party in Berlin gefeiert, aber schon einige in Wien und noch einige mehr in Michelstadt.

Wenn ich die Augen schließe, riecht Heimat für mich nicht nur nach Kochkäse. Sondern auch nach dem unverwechselbaren Ledergeruch des alten Mercedes Benz S-Klasse Coupé aus dem Jahr 1971 von meinem leider viel zu früh verstorbenen Vater. Er hat den Wagen geliebt und ich auch: silbern glänzend, vorne Mahagoni, die Fenster konnte man ganz runterdrehen. Es war innerhalb unserer Familie schon immer klar, dass dieser Mercedes irgendwann meiner ist. Der steht noch in unserer Garage in Michelstadt. Die große Leidenschaft meines Vaters waren schöne alte Autos oder auch schöne neue

Autos – ganz egal, Hauptsache Autos. Auf dem Flugplatz Michelstadt, circa drei Kilometer von unserem Fachwerkhaus entfernt, hat Papa mir heimlich das Autofahren beigebracht: Ich war vierzehn, als ich in einem Mini John Player Special meine ersten Runden drehen durfte. Mein Vater hat den Kleinen gehegt und gepflegt und aufrüsten lassen; weltweit gibt es davon nur noch drei. Meine Heimat ist in meinem Kopf, in meinem Herzen, in meiner Seele. All die Menschen, die ich liebe, sind Heimat für mich.

Mädchen aus Michelstadt: Die Schauspielerin (»Das perfekte Geheimnis«) kommt aus einer Bierbrauerfamilie im Odenwald, betreibt dort mit ihrer Schwester Sandra zwei Hotels. 2011 zog sie nach Wien, gab ihr Zuhause in Berlin aber nie auf

Daniil Simkin

BALLETTSTAR

»Ich dreh’ und dreh’ mich um die Frage: Wo ist meine Heimat?

Mein gesprochenes Russisch, Deutsch und Englisch spiegeln meine Heimatlosigkeit wider: weil ich für viele mit undefinierbarem Akzent spreche. In variierender Stärke. Man hört, dass ich nicht von hier oder von dort bin, deshalb bin ich von nirgends. In Deutschland bin ich der Russe, in Russland der Deutsche und in Amerika der Ausländer. Mein Vater Dmitrij Simkin ist Russe, meine Mutter Olga Aleksandrova Russen-Deutsche, ich wurde in Nowosibirsk geboren und wuchs in Wiesbaden auf. Einerseits fühle ich mich automatisch zu russischen Seelen hingezogen, oft ohne zu wissen, dass diese Menschen einen slawischen Background haben. Andererseits fühle ich mich als Deutscher, weil ich die deutsche Staatsbürgerschaft besitze und dort sehr prägende Jahre – meine Kindheit und meine Jugend – verbracht habe.

Man hört, dass ich nicht von hier oder von dort bin, deshalb bin ich von nirgends

Ich bin ein Heimatsuchender. Ich dreh' und dreh' mich um die Frage: Wo ist nur meine Heimat? Nach dem Abitur tanzte ich zwei Jahre in Wien, bevor ich 2008 nach New York zog. Aber selbst nach zehn Jahren fühlte ich mich dort nie als Amerikaner, sondern immer mehr als Europäer. Wahrscheinlich weil diese Stadt ein Transitort ist und viele Leute dort nur für einen begrenzten Zeitraum leben. Dadurch fühlt es sich auch ziemlich oberflächlich an; generell würde ich sagen, dass das amerikanische Leben weniger Tiefe hat. Es ist wirklich schwer, dort Gleichgesinnte zu finden. Die ersten sechs Jahre hatte ich in Manhattan zwar sehr viele Bekannte, fand aber keine Freunde. Weil dort alle auf die Arbeit fokussiert sind. Dennoch habe ich meine Zeit im Big Apple sehr genossen – denn was kann man sich Schöneres oder Besseres wünschen, als von zwanzig bis dreißig in New York zu leben? Davon träumen manche ihr ganzes Leben lang! Diese Stadt ist einfach unglaublich – schnell, inspirierend und beeindruckend. Aber man muss eben auch ganz genau wissen, wann es Zeit ist, wieder zu gehen. Ich habe in New York am American Ballett Theatre alles getanzt, was es dort zu tanzen gab – vom klassischen »Schwanensee« über Balanchine-Stücke bis zu Wayne McGregor. Künstlerisch waren alle meine Möglichkeiten ausgeschöpft, ich brauchte neue Einflüsse. Denn Fakt ist: Ich habe in meinem Beruf nur noch drei bis fünf super Jahre, von 25 bis 35 ist der Höhepunkt eines Tänzers, danach geht es körperlich bergab. Es ist erwiesenermaßen so, dass unsere Karriere mit circa vierzig zu Ende ist – da darf man sich nichts vormachen.

Also war der Zeitpunkt für mich genau richtig, 2018 ein neues Engagement anzunehmen. In Berlin. Ich tanze nun auf drei verschiedenen Bühnen, aber anders als sonst sind alle in ein und derselben Stadt: wunderbare Spielstätten wie die Komische Oper,

Deutsche Oper und Staatsoper. Ein weites Repertoire, von modern und zeitgenössisch bis zum klassischen Ballett. Eben genau diese Beständigkeit hat mir gefehlt. Neben der regulären Spielzeit in New York war ich all die Jahre mit der amerikanischen Company ständig auf Reisen, hatte sechzehn Wochen im Jahr frei – und in der Zeit war ich auch nur unterwegs. Sechs von zwölf Monaten habe ich irgendwo auf der Welt verbracht. Wir waren in Paris, London, Tokio, Peking, Chicago, Washington – irgendwann war ich extrem erschöpft, nur aus dem Koffer zu leben. Bis zu einem bestimmten Level war ich zwar überall zu Hause, aber nirgends heimisch. Und ich brauche die Struktur und die Routine, ich will mir ein Nest bauen!

Psychologisch gesehen sind meine Eltern eine sehr starke Heimat

Deshalb wollte ich wieder zurück – nach Deutschland. Aber auch um meinen Eltern, denen ich emotional sehr nah bin, geografisch wieder näher sein zu können. Sie leben beide in Frankfurt. Die Entscheidung, nach Berlin zu ziehen, habe ich mit meiner Mutter und meinem Vater besprochen. Wir fassen jeden Entschluss gemeinsam. Weil ich dann weniger Verantwortung fühle und nicht zu viel zweifele. Wir denken alle sehr strukturiert. Wenn bestimmte Sachen Sinn ergeben, darf man nicht lange zögern. Ob das nun typisch russisch oder deutsch ist, weiß ich nicht. In New York meinten immer alle, ich sei »so typisch German«, weil ich so strukturiert und organisiert bin, weil ich nicht wirklich emotional auf Situationen reagiere. Genauso ticken auch meine Eltern.

Sie sind genau wie ich beide Tänzer. Dementsprechend verbindet uns das noch mehr – nicht nur in einer Eltern-Kind-Beziehung, sondern auch im professionellen Sinne. Wenn meine Mutter und mein Vater sich eine meiner Vorstellungen anschauen, nehme ich mir ihre Kritik immer sehr zu Herzen. Psychologisch gesehen sind meine Eltern eine sehr starke Heimat. Weil sie mich nicht nur als Kind großgezogen haben, sondern auch als Künstler. Ohne sie wäre ich kein professioneller Tänzer, sie haben mich zu der Person gemacht, die ich bin. Meine Mutter unterrichtete mich von klein auf. Sechsmal die Woche, jeden Tag anderthalb Stunden. Zehn Jahre lang. Entweder schweißt einen das zusammen oder es eskaliert. Es hat mich sehr geprägt. Meine Mutter hatte starke Prinzipien, nach denen sie mich erzogen hat: dass man Verantwortung übernehmen muss, dass man alles sofort erledigt, dass man zu seinem Wort steht. Ich bin kein einfacher Mensch: Wenn man mir sagt, wie ich etwas zu tun habe, mache ich es ganz sicher genau anders. Ich steuere dann automatisch dagegen. Meine Mutter besitzt eine emotionale Intelligenz, sodass sie weiß, wie man mit mir umgehen muss, um das zu bekommen, was man will. Ich kann mich glücklich schätzen, weil sie das Beste aus mir herausgeholt hat. Als mein Vater versuchte, mich zu unterrichten, ging das komplett schief, weil er zu stur war. So wie ich – stur gegen stur ergibt immer ein großes Drama.

Sechs von zwölf Monaten habe ich irgendwo verbracht, aber nie zu Hause

Als Fünfjähriger stand ich neben ihm schon tanzend am Staatstheater in Wiesbaden auf der Bühne, parallel habe ich geturnt und wurde Hessischer Meister im Geräteturnen. Irgendwann war ich in dem Alter, da war ich nicht mehr süß, also musste ich mich entscheiden: Tanzen oder Turnen? Meine Mutter überzeugte mich, professionell für die Bühne zu trainieren. Ich war für sie ein Experiment, weil sie als Tänzerin noch nie unterrichtet hatte. Und es war nie der Plan, dass sie mich zehn Jahre unterrichten würde, sondern eher zwei oder drei Jahre, bevor ich auf eine Ballettschule gehen würde. Aber nirgendwo konnte man damals auch das Abitur machen, alle waren nur auf das Ballett fokussiert. Das war für meine Eltern die Bedingung: dass ich erst mein Abitur mache und dann selbst entscheide, ob ich professionell tanzen will. Denn sie hatten damals als Zehnjährige keine Wahl – sie waren beide aufs Internat geschickt worden, weit weg von ihren Eltern.

Ich bereue meine Entscheidung nicht, schwierige Entschlüsse muss man seiner Intuition überlassen, weil man eben nicht alles planen kann. Mein Vater ist sehr kopfgesteuert, sehr logisch und mathematisch. Dementsprechend balancieren er und meine Mutter sich aus. Sie ist auch extrem strukturiert, aber entscheidet viel aus dem Unterbewusstsein. Vielleicht bin ich deshalb auch ein sehr intuitiver Mensch, weil ich mit meiner Mutter so viel Zeit verbracht habe. Meine Intuition hat mich schon einmal vor einer falschen Entscheidung bewahrt: Ich war bereit, mir eine Wohnung in New York zu kaufen – aber im letzten Moment habe ich gefühlt, dass es falsch ist. Aus heutiger Sicht weiß ich, dass es richtig war, weil ich jetzt in Berlin lebe. In einer Wohnung, die mir meine Eltern ausgesucht haben.

Für meine Mutter war mein Umzug zurück nach Deutschland auch eine Umstellung. Sie meinte: »Es ist so komisch für mich, weil du in derselben Zeitzone wie ich bist!« – sie zählte immer automatisch sechs Stunden nach vorn, weil sie das aus meiner zehnjährigen Zeit in New York so gewohnt war. Gerade zu meiner Anfangszeit dort stand ich immer früher auf, um mich via Skype mit meiner Mutter auszutauschen. Wir haben immer um 7 Uhr 30 eine halbe Stunde telefoniert, später wurde es für mich zur Routine, dass ich mich in meiner Mittagspause an der 19. Straße, Ecke Broadway auf einen Stein setzte und dort mit ihr telefonierte.

Selbst nach zehn Jahren New York fühlte ich mich nie als Amerikaner

Ich versuche, sehr verlässlich und pünktlich zu sein. Das erwarte ich auch von anderen Leuten. Wenn ich verabredet bin, komme ich höchstens fünf Minuten zu spät. Ich würde mich nicht um eine halbe Stunde verspäten. Diese Werte, diese Prinzipien sind nicht überall Standard. In Amerika war ich oft enttäuscht, weil viele ihre Versprechen nicht einhalten. Wenn die Leute in einem anderen Rahmen handeln, ist es verwirrend. Russland fühlt sich für mich ziemlich unheimlich an, weil ich mich dort nicht wohlfühle. Ich spreche die Sprache, aber es ist nicht mein Zuhause. In Russland ist alles nicht durchsichtig. Das verunsichert mich und macht mir Angst, weil ich nicht genau weiß, warum was passiert. Weil ich dort nicht aufgewachsen bin, verstehe ich die Machenschaften dort nicht, ich kenne die lokalen Spielregeln nicht. Wenn ich dort bin, gehöre ich nicht dazu.

Ich wünsche mir, dass Berlin meine Heimat wird.

Ich wünsche mir, dass Berlin meine Heimat wird. Dass ich dort ankomme, dass ich meine eigene Familie gründen kann. In New York hätte ich mir das nie vorstellen können. Wenn ich die Augen schließe, möchte ich mit vierzig in Berlin in einer Eigentumswohnung mit meiner Frau und unseren zwei Kindern leben. Idealerweise nicht mit einer Tänzerin. Es ist für mich stimulierender, wenn die Frau nicht denselben Beruf wie ich ausübt. Ich bin jetzt im zweiten Akt meiner Tänzerkarriere. Aber wenn die zu Ende ist, fängt der zweite Akt meines Lebens an. Und in der Mitte seines Lebens muss man eine Drehung wagen – in die richtige Richtung.

Für das Vorgespräch holte die Autorin den gerade aus New York nach Berlin gezogenen Ballettstar nach seinen Proben von der Deutschen Oper ab und marschierte mit Daniil Simkin zum Abendessen beim Franzosen. In der Zwischenzeit tanzte er in China, Italien und den USA

Aminata Belli

MODERATORIN &
INFLUENCERIN

»Wo unser Wohnwagen steht, ist mein Zuhause

Heimat duftet und schmeckt für mich nach frisch gebrannten Mandeln, Zuckerwatte und Crêpes. Weil ich aus einer Schaustellerfamilie komme: »Die Bellis« stammen ursprünglich aus Italien und pflegen eine dreihundertjährige Jahrmarkttradition. Seit meiner Geburt war ich jede Woche woanders in Schleswig-Holstein unterwegs. Deshalb ist mein Heimatgefühl auch nicht an einen Ort gebunden. Bis zum Tod meines Opas Heinemann 2010 führten meine Oma Gisela und meine Mama Sabine zusammen mit ihm das Geschäft auf Rädern fort. Als Sechsjährige bekam ich meinen ersten eigenen Campingwagen, den man mit dem Auto ziehen konnte – das war mein Kinderzimmer. Ich schlief auf acht Quadratmetern, die anderen in einem zwölf Meter langen Wohnwagen.

Man kann sagen: Wir hatten ein bewegtes Leben, Stillstand gab es bei uns tatsächlich nie. Ganz sicher hat sich das auf mein heutiges Leben übertragen: Ich bin immer beweglich, ich kann überall schlafen und mich schnell zu Hause fühlen, egal wo.

Die Jahrmarkt-Saison ging von Mitte Februar bis Ende Dezember und startete für uns immer in Hamburg-Volksdorf. Wir verreisten mit einer Schießbude, einem Crêpes- und Dosenwerfstand, einem Softeiswagen und ganz früher auch mit Fahrgeschäften wie dem sogenannten »Twister«. Den Abschluss unserer Reiserei bildete Ende November immer der wunderschöne Lübecker Weihnachtsmarkt. Danach lebte ich mit meiner Familie von Dezember bis Februar in unserem Winterquartier, einem kleinen Fünfhundert-Seelen-Dorf zwischen Lübeck und Hamburg. Wir waren dort gemeldet, es war die einzige Zeit im Jahr, die wir so lange am Stück an einem festen Platz wohnten. Natürlich in unseren Wohnwagen, daran änderte sich auch dann nichts.

Ich bin immer beweglich, ich kann überall schlafen und mich schnell zu Hause fühlen, egal wo

Im Nachbarort ging ich dann auf meine Stammschule. Sonst musste ich jede Woche wechseln. Für Kinder beruflich Reisender gab es extra Schultagebücher, worin die Lehrer der einzelnen nordischen Regionen das soziale Verhalten und die Lernleistungen einschätzten. Was natürlich extrem schwierig war – wenn man wie ich an einem Montag in eine neue Klasse reinrauschte und am Freitag schon wieder »tschüs« sagen musste. Trotzdem bekam ich anhand dieser Beurteilungen dann in dem Dorf Sandesneben ein Zeugnis ausgestellt, wo ich später meinen Realschulabschluss machte. Anschließend holte ich mein Abi im nahegelegenen Lübeck nach.

Als Schaustellerkind hast du das beste Leben: weil du Teil der großen Schaustellergemeinschaft bist, alles umsonst essen und überall umsonst mitfahren darfst. Und weil sich alle Holsteiner kennen, die Eltern untereinander genauso wie die Kinder. Wenn jemand stirbt, kommen unfassbar viele Menschen zur Beerdigung – es gibt einen besonders großen Zusammenhalt, sowohl bei den Alten als auch bei den Jungen. Wenn du dreizehn wirst, musst du mit anpacken. Das ist selbstverständlich, vergleichbar mit der Arbeit auf einem elterlichen Bauernhof oder in einem Restaurant: Jeder muss seine festen Aufgaben erledigen, da gibt's nichts zu diskutieren. Mir wurde erst der Stand zum Dosenwerfen zugeteilt, bevor ich mit sechzehn zum Crêpes-Verkauf wechselte. Da ich schon immer eine große Klappe hatte und gern Leute ansprach, gefiel mir beides gut.

Durch den Wandel der Zeit und den damit verbundenen Verfall der Jahrmärkte verkauften wir unsere Fahrgeschäfte vor knapp zehn Jahren. Genauso wie den Zwölf-Meter-Eiswagen, weil der zu viel Standmiete kostete und sich einfach nicht mehr rechnete. Stattdessen betreibt Mama mit meinem Stiefvater Torsten jetzt zwei kleine Softeisstände, zum Beispiel auf Festivals oder Food- und Kunsthandwerkermärkten. Die Wohnwägen meiner Mama und Oma haben ihr kleines Dorf in Schleswig-Holstein schon lange nicht mehr verlassen. Obwohl sich unsere Lebensumstände verändert haben, besitzen sie dennoch keine Wohnung und auch kein Haus. Das würde niemals in Frage kommen. Wo unser Wohnwagen steht, ist mein Zuhause. Als ich mit sechzehn zum Schüleraustausch in die USA flog, schlief ich dort zum ersten Mal für längere Zeit in einem Haus. Es machte für mich keinen Unterschied, aber nach meiner Rückkehr fiel mir auf, dass ein Wohnwagen wackelt – das hatte ich bis dahin nie registriert. In einem normalen Schlafzimmer fehlte mir allerdings das Prasseln des Regens auf dem Dach, das war für mich jahrelang das schönste Einschlafgeräusch in meinem Wohnwagen. Lautstärke machte mir auch nie etwas aus, weil es in meinem Leben nie leise zuging. Schausteller reden ja auch lauter, weil sie ständig gegen die Musik oder die Akustik der Karussells ansprechen müssen.

Auf dem Autoscooter wurde ich konfirmiert

Dazu kommt, dass Schausteller ein sehr stolzes Volk sind. Das hat sicherlich mit den vielen Orts- und Schulwechseln und den sich ständig wiederholenden Fragen zu tun: »Wascht ihr euch eigentlich?«, »Habt ihr überhaupt fließend Wasser und Strom?« – du musst dich als Schausteller immer wieder beweisen, sonst nehmen dich die Leute nicht ernst. Und dann sehe ich auch noch aus wie ich aussehe und musste mich sowieso ständig behaupten, schließlich gab es auf den Dörfern damals kaum Migranten. Sich anders oder schlechter zu positionieren, kam weder für mich noch für die anderen in Frage. Wir sind ja nicht arm oder weniger wert, nur weil wir im Wohnwagen wohnen. Aber das sehen die Leute mit einem Haus anders und lassen dich das auch spüren. Natürlich führten wir auch einen ganz anderen Lebensstil, den man nicht verstehen kann, wenn man ihn nicht kennt. Deshalb bleiben Schausteller auch meist unter sich, das ist ein richtiges Geklüngel. Wir haben unsere ganz eigene Sprache, außerdem gibt es extra für uns einen Pfarrer, separaten Konfirmandenunterricht – und sogar ein Schaustellergebet. Ich wurde etwa auf dem Autoscooter konfirmiert: um Mitternacht war der evangelische Gottesdienst, also für uns nach Feierabend. Man heiratet auch kaum jemals jemanden, der kein Schausteller ist. Ähnlich wie bei Schauspielern, man hat einfach ein besseres Verständnis füreinander.

Meine Mutter bildete da die Ausnahme, weil sie jemanden »von außen« heiratete: Sie lernte meinen Vater, der als Flüchtling aus Gambia nach Deutschland gekommen war, beim Feiern auf der Reeperbahn kennen. Die beiden waren zehn Jahre ein Ehepaar, er half beim Fahrgeschäft genauso mit wie alle anderen, aber er blieb irgendwie ein Außenseiter. Nicht weil er schwarz und Moslem war, was bei den Schaustellern nicht vorkommt, sondern eben ein Seiteneinsteiger. Meine Eltern trennten sich, als ich zwei Jahre alt war, und mein Vater ging zurück in seine Heimat. Er spielte seitdem keine Rolle mehr in meinem Leben. Aber irgendwann, das war auf meiner ersten Reise nach Afrika, wuchs in mir der sehnliche Wunsch, ihn kennenzulernen. Und so flog ich 2016 das erste Mal zu ihm nach Gambia. Allein.

Ich hatte Angst, ich würde womöglich den krassesten Kulturschock kriegen. Vor Ort merkte ich allerdings, was wir beide für Ähnlichkeiten und Gemeinsamkeiten haben: Er kennt überall alle Leute, und die Leute kennen ihn – er ist genauso offen und gesellig wie ich. Und ich sehe aus wie er! Als mein Vater das erste Mal in Gambia vor mir stand, war ich baff. Natürlich hatte ich mir über all die Jahre Fotos und Videos von ihm angesehen, aber der Moment, in dem er live vor mir stand, war unglaublich berührend. Es war wie in einem Film, ich konnte es nicht verstehen, irgendwie war es für Herz und Kopf zu viel. Es wurde für mich eine Entdeckungsreise, sowohl zu mir selbst als auch in die Heimat meines Vaters, in dessen Zuhause ein eingerahmtes Foto von uns beiden steht: er mit mir als kleinem Mädchen auf seinem Arm – vor unserem Wohnwagen in Hamburg auf dem Jahrmarkt.

Die Youtuberin und Influencerin wurde schon von der »New York Times« zum Streetstyle-Star erklärt und ist inzwischen das ZDF-Nachwuchsgesicht, dazu neue MTV-Moderatorin. Beim Interview in Hamburg stellte sich raus, dass Aminatas Oma im Nachbardorf der Peemöllers lebt

Clemens Tönnies

UNTERNEHMER & AUFSICHTS-
RATSVORSITZENDER VON SCHALKE 04

»Heimat ist der Ort, an dem die Tradition gepflegt wird

Ich bin ein Rhedaer Junge. Samstags fahre ich liebend gern mit dem Rad in die Altstadt auf den Markt. Einfach, um eine Stunde an den Ständen mit den Menschen vor Ort zu sprechen. Themen gibt es schließlich genug, man redet über dies oder das, die große und kleine Politik. Manchmal auch über früher, wie wir angefangen haben in der elterlichen Metzgerei an der Ecke Kleine Straße, gemeinsam mit meinen Eltern, meinen vier Schwestern und meinem Bruder Bernd. Bernd war für mich ein überragender Mensch, er war mein Idol. »Komm, Clemens, wir machen es anders als Mama und Papa«, hatte er 1971 zu mir gesagt. So fingen wir an, unser damals noch sehr kleines Unternehmen gemeinsam aufzubauen: Mit einem Fleisch- und Wurstwaren-Großhandel in Rheda-Wiedenbrück machten wir den Neubeginn. Aus den Anfängen in der elterlichen Metzgerei entstand unser Betrieb mit seiner heutigen Größe und den internationalen Standorten. Bernd war vier Jahre älter als ich. Er war selbstbewusst und nahm die Dinge in die Hand. Dafür war er bekannt, genau das bewunderte ich an ihm. Er starb am 1. Juli 1994 unerwartet mit 42 Jahren nach einer Nierentransplantation.

Ihm zu Ehren besuchen wir traditionell am Montag nach dem Schützenfest in Rheda sein Grab. Bernd schätzte Traditionen und Gepflogenheiten genauso wie ich. Seit 1981 waren wir beide Mitglieder im Schützenverein zu Rheda e.V. von 1833 und gründeten damals die »Schützengruppe Clemens«, gemeinsam mit sechzehn Freunden. Der Schützenverein ist eine hoch anerkannte Institution bei uns im Ort, wir haben insgesamt vier Vereine in Rheda-Wiedenbrück. Als 1995 unser Oberst Friedhelm verstarb, wurde ich gefragt, ob ich seine Nachfolge antrete. Ich war unglaublich stolz, dieses Amt annehmen zu dürfen, und zögerte nicht lange. Es war eine große Ehre für mich, aber ich machte es auch für Bernd, der diesen Verein genauso liebte wie ich. Ein Schützenverein braucht Prägung und Langfristigkeit, das muss einem bewusst sein. Oberst ist man nicht nur für drei oder fünf Jahre, das macht man mindestens fünfzehn, wenn nicht sogar fünfundzwanzig Jahre. Aus Zeitgründen hätte ich niemals alleiniger Vorsitzender sein können, deshalb unterstützen mich von Anfang an zwei Stellvertreter intensiv in der Vereinsarbeit.

Meinem Bruder zu Ehren besuchen wir am Montag nach dem Schützenfest sein Grab

Denn 1994 begann ich, mich im Sinne meines Bruders im Fußball zu engagieren. »Wir leben dich!«, lautet der Slogan des FC Schalke 04, dem Verein mit der ältesten Tradition. Das ist vor allem Fritz Grillo zu verdanken, der Ende des 19. Jahrhunderts zu guten Zeiten der Montanindustrie in der Region unglaublich viel aufbaute und leistete: Er hatte dort einen Kohlebergbau und ein Stahlwerk und gründete 1904 in Gelsenkirchen den Vorgängerverein Westfalia – als Alternative zum Feierabend, nach dem Malochen, für die Kumpel.

Zu unseren starken Werten auf Schalke zählt: Der eine steht für den anderen ein! Doch der Fußball hat sich natürlich in den vergangenen Jahren auch verändert. Wer in der Bundesliga und der Champions League erfolgreich sein will, braucht höchst professionelle Strukturen, ein gutes Management und eine Vereinsführung, mit denen sich die Fans identifizieren können. Für mich persönlich ist der FC Schalke 04 unheimlich wichtig, weil ich die schönste Zeit meines Lebens damit verbinde. Wenn wir zum Spielbeginn in der Arena aufstehen und unser Vereinslied singen: »Blau und Weiß, wie lieb ich dich!« – das ist Heimat. Das ist der Ort, an dem die Tradition gepflegt wird: ob in meinem Schützen-, Fußball- oder auch Jagdverein.

Zu unseren starken Werten auf Schalke zählt: Der eine steht für den anderen ein!

1986 habe ich meinen Jagdschein gemacht. Bernd und ich hatten schon oft darüber gesprochen, ich habe es dann als Erster in die Tat umgesetzt und das grüne Abitur bestanden. Bernd zog ein Jahr später nach. Das Schönste an einem Jagd-Wochenende ist für mich das traditionelle In-Empfang-Nehmen, zum Beispiel in unserer zweiten Heimat an der Ostsee. Hier treffen wir uns einmal im Jahr: Freunde, Familie, Weggefährten und auch neue Gesichter. Dieses Wiedersehen ist jedes Mal etwas Besonderes: Dann brennt der Kamin, es wird sich geherzt, die Musik spielt – und zu späterer Stunde singe ich selbst. Schließlich ist Musik eine Leidenschaft von mir. Ich liebe es, wenn Stimmung herrscht: zünftige, lockere Feiern. Das alles mit einem tollen Freundeskreis von Jagdgefährten. Wir treffen uns mindestens zweimal im Jahr auf dem Darß, im Salzburger Land oder in der Nähe von Wien. Wer einlädt, gibt sich immer besonders viel Mühe. Dass einer fehlt, ist ausgeschlossen.

Verlässlichkeit ist mir sehr wichtig. Was man verspricht, das muss man auch halten – da hat mich die Erziehung meiner Eltern geprägt. Ich wurde zu einem klaren und ehrlichen Denken erzogen, genauso geben meine Frau Margit und ich es auch an unsere Kinder Julia und Max weiter. Fleiß kam dazu, meine fünf Geschwister und ich waren seit frühester Kindheit an Arbeit gewöhnt. Wir alle mussten mit anpacken. »Verdienen kommt von dienen« oder »Jeder ist seines eigenen Glückes Schmied«, sagte mein Vater immer. Er war ein begnadeter Ratgeber. Die letzten Jahre vor seinem Tod schweißten uns noch enger zusammen: Nach den wirtschaftlich schweren Jahren konnten wir unseren Eltern im Alter endlich etwas zurückgeben. So waren wir einige Male gemeinsam auf Reisen. Es war eine tolle Zeit, in der wir einfach zwischendrin mal zwei Tage wegfuhren, zum Beispiel nach Bayern. Mein Vater schwärmte immer von Leipzig, weil er dort seine Meisterprüfung als Metzger gemacht und seine Jugend verbracht hatte. Diesen Jahren weint und trauert man meistens hinterher, jeder von uns. 1988 starb mein Vater, leider haben wir die Reise dorthin nicht mehr zusammen geschafft.

»Jeder ist seines eigenen Glückes Schmied«, sagte mein Vater immer

Aber ein Jahr davor waren wir noch in Frankreich. Wir sind vier Tage mit dem Auto nach Calais gefahren. In der Nähe war Vater bei der Wehrmacht stationiert gewesen. Er hatte dieses Kapitel seines Lebens früher immer verschwiegen, aber vor seinem Tod intensiv darüber erzählt. Nach 1945 begann er eine Freundschaft mit einer Israelin und einem Israeli, sie besuchten sich gegenseitig und standen bis zu seinem Tod in Verbindung. Vater erzählte mir, dass ihm diese Freundschaft seinen inneren Frieden zurückgegeben hätte. Viele haben die Geschichte nie verarbeitet, sie haben alles verdrängt. Dass er sich mir vor seinem Tod noch so öffnete und anvertraute, war eigentlich das schönste Geschenk, was Vater mir als Sohn machen konnte.

Es gab eine unheimliche Begegnung an diesem kleinen Ort in Frankreich, wo mein Vater seit 1942 nicht mehr gewesen war. Damals führte er dort die Küche der Kompanie. Und weil er als Metzgermeister auch schlachten musste, benutzte er seinen eigenen Fleischwolf. Diesen hatte er damals bei einer französischen Familie auf einem Bauernhof deponiert. Als wir nun 45 Jahre später dorthin fuhren, fanden wir mithilfe der Orientierung meines Vaters – der ja immerhin schon 76 Jahre alt war – das Gehöft! »Hier muss mein Fleischwolf sein«, sagte er zu mir. Ich glaubte ihm kein Wort. Wir klingelten, und eine 75 Jahre alte, gebrechliche Frau öffnete die Tür. Sie rief auf Französisch seinen – und auch meinen – Namen. Schließlich hieß er auch Clemens. Die beiden umarmten sich, es war unglaublich anzusehen. Sie hatten sich nie mehr wiedergesehen, aber dennoch sofort wiedererkannt. Vor Freude tranken wir Wein und ließen gemeinsam den Tag ausklingen. Es war eine berührende Begegnung und eine unvergessliche Geschichte. So habe ich mit meinem Vater ein ganz besonderes Stück Heimatgeschichte aufgearbeitet. Und der rostige Fleischwolf, den mein Vater der Familie zur Aufbewahrung überließ, steht jetzt zu Hause bei uns in Rheda.

Verlässlichkeit ist mir sehr wichtig. Was man verspricht, das muss man auch halten

Für das Interview und Shooting fuhr das Team knapp 450 Kilometer weit mit dem Auto bis nach Rheda-Wiedenbrück zu dem großen Unternehmen. Statt mit Zylindor und Schärpe seines Schützenvereins fotografierten wir Clemens Tönnies mit Schal und Wimpel von Schalke 04

Jasmin Tabatabai

SCHAUSPIELERIN

»Heimat ist für mich ein schmerzbehafteter Begriff, denn er bedeutet für mich eben auch Heimatverlust

Im Grunde habe ich zwei Heimaten, das Land meiner Mutter – Deutschland – und das Land meines Vaters – den Iran. Beide sind Teil von mir, und ich fühle mich beiden im selben Maße verbunden. Die Vorstellung, mich für einen Teil entscheiden zu müssen, erscheint mir völlig abwegig. Warum denn? Selbstverständlich kann man beide Heimaten gleichwertig lieben. Ich liebe ja auch meine Mutter und meinen Vater. Meine Mutter Rosemarie verliebte sich 1956 auf dem Oktoberfest in meinen Vater Modjtaba, seinetwegen zog sie als junge Frau zu ihm in den Iran. Dort sind meine drei älteren

Geschwister und ich geboren, wir hatten eine sehr unbeschwerte und gut behütete Kindheit. Scheinbar endlos lange Sommer am Kaspischen Meer oder im Nordostiran in Gorgan, wo mein Vater mit seinem Bruder zusammen eine Farm betrieb und Baumwolle anpflanzte. Ich habe das Glück, aus einem aufgeklärten, säkularen und gebildeten Elternhaus zu kommen. Mein Vater stammte aus einer islamischen Familie, war aber ein liberaler Mensch, der uns Töchtern dieselben Rechte wie seinem Sohn zusprach.

Ich war zwölf, als wir Teheran wegen Unruhen verließen

Ich fühlte mich in meiner Heimat Persien immer frei. Dieses Gefühl trage ich bis heute in mir, genauso wie die Sehnsucht nach diesem unglaublich blauen Himmel. Was die meisten heutzutage vergessen haben: dass der Iran vor 1979 ein moderner Staat im Nahen Osten war. Es gab in Teheran Richterinnen, Polizistinnen oder Soldatinnen, die Frauen durften diese Berufe noch ausüben. Die Schahbanu, die Kaiserin, war für viele, besonders für junge Iranerinnen, ein Vorbild, an dem sie sich orientierten: Sie war gebildet, selbstbewusst und wurde über die Grenzen Irans für ihren Stil bewundert. Das änderte sich durch die islamische Revolution innerhalb von nur zwei bis drei Jahren radikal – das Land wurde damals sehr streng nach den Vorstellungen der neuen religiösen Machthaber in eine islamische Republik verwandelt. Mit neuen, strengen Gesetzen, wie Alkohol- und Glücksspielverbot, Verschleierungszwang und Geschlechtertrennung im öffentlichen Raum. Als junges Mädchen war ich nun plötzlich wie alle anderen Frauen gezwungen, außerhalb des Hauses den Hidschab zu tragen. Ich fand das unerträglich. Damit wir uns nicht falsch verstehen: Ich habe überhaupt nichts dagegen, wenn sich jemand freiwillig verschleiern will, ich will einfach nicht gezwungen werden, einen zu tragen. Und genau diese Entscheidungsfreiheit gibt mir eine islamistische Regierung nicht. Zudem benachteiligt das islamische Recht, die Scharia, Frauen in vielen Punkten wie Erbrecht, Eherecht oder Strafrecht ganz massiv – konkret und mit allen Konsequenzen im Alltag. So gilt die Zeugenaussage einer Frau vor Gericht nur halb so viel wie die eines Mannes, Frauen dürfen, egal wie alt sie sind, ohne die Genehmigung ihres Mannes nicht verreisen oder arbeiten gehen, Töchter erben weniger als Söhne, bei einem Unfall zum Beispiel wird dem weiblichen Opfer nur die Hälfte des Schadensersatzes, den das männliche bekommt, zugesprochen, und bei einer Scheidung bleiben die Kinder beim Mann. Für mich ist das so: Wenn ich mir freiwillig den Schleier anlegen würde, sagte ich auch Ja zu diesen Ungerechtigkeiten. Und das kommt für mich als Feministin nicht in Frage. Meine ganze Solidarität und Empathie gilt den Frauen im Iran, die sich mutig dagegen auflehnen und dafür drakonische Strafen und hohe Gefängnisstrafen in Kauf nehmen müssen.

Als es Ende der Siebzigerjahre zu Unruhen kam, musste die deutsche Schule in Teheran, die meine zwei Schwestern Azar und Susann, mein Bruder Amir und ich besuchten, geschlossen werden. Zu unserer aller Sicherheit beschlossen meine Eltern, das Land zu verlassen und nach Bayern zur Familie meiner Mutter zu ziehen. Nur für ein paar Wochen, so hieß es damals. Wir wollten zurückkehren, wenn sich die Lage im Iran wieder beruhigt haben würde. Als knapp Zwölfjährige verließ ich Ende 1978 von einem Tag auf den anderen das Land meiner Kindheit. Meine Freunde, meine Klasse, meinen Status in der Schule. In Teheran war ich eins von den coolen Kids, aber in München war ich nur das zugezogene Ausländerkind, eine Außenseiterin. Ich fühlte mich anfangs sehr unwohl und hatte extremes Heimweh. Ich wollte einfach nur zurück. Trotzdem betrachte ich meine Geschichte nicht als die eines Flüchtlings. Denn erstens hatte ich nicht nur einen deutschen Pass, sondern auch noch eine deutsche Mutter, die mit uns Kindern im Iran von Anfang an immer nur Deutsch gesprochen und deutsche Traditionen wie Ostern und Weihnachten gepflegt hatte. Ein Vorteil, der es mir sehr viel leichter gemacht hat, mich hier einzuleben. Und heute lebe ich sehr gerne hier.

Ich habe eine Wunde, die sich nie schließt

Und doch ist Heimat für mich ein schmerzbehafteter Begriff, denn er bedeutet für mich eben auch Heimatverlust – und Sehnsucht nach dem Iran. Wenn du wie ich oder viele andere das Land, in dem du geboren wurdest und in dem du aufgewachsen bist, unfreiwillig verlassen musstest, dann ist das eine Wunde, die sich nie schließt. Sie wird nie heilen. Du kannst nur lernen, mit diesem Schmerz zu leben. Noch schlimmer, wenn das Land deiner Kindheit sich so verändert hat, dass es so, wie du es kanntest, nicht mehr existiert.

Eine Kollegin von mir, die in der DDR aufgewachsen ist, sagte mir mal, sie habe das Gefühl, dass ich aufgrund meiner speziellen Geschichte die Einzige sei, die ihre Sehnsucht nach dem ehemaligen Osten verstehen würde, denn sie würde sonst nie Mitgefühl dafür bekommen, dass das Land, in dem sie aufgewachsen ist und an dem so viele Erinnerungen hängen, jetzt nicht mehr existiert. Viele West-Kollegen würden nicht verstehen, wie sie dort nur hat glücklich sein können. Aber es war das Land, in dem sie das erste Mal verliebt war, mit dem sie ihre Sinneswahrnehmungen – Gerüche, Geschmäcker, auch Klänge – verband. Heimat ist nun mal sehr davon geprägt, welche Sinneseindrücke du als Erstes wahrnimmst, und die trägst du ein Leben lang in dir.

Ich fand es unerträglich, einen Hidschab tragen zu müssen

Ich war seit 33 Jahren nicht mehr im Iran. Zuletzt auf der Beerdigung meines Vaters 1986, der mit gerade mal sechzig Jahren an einem Herzinfarkt starb. Danach wollte ich erst einmal nicht mehr hinfahren. Es hat mir zu sehr weh getan. Nicht nur der plötzliche Verlust meines Vaters, auch die zunehmend bedrückende Stimmung im Land während des Golfkrieges. Die Machthaber festigten ihre Macht damals mit aller Härte und Brutalität, Andersdenkende und Oppositionelle wurden erbarmungslos verfolgt, die Sittenwächter achteten auf penibelste Einhaltung der strengen Gesetze. Es war eine düstere Zeit.

Außerdem wollte ich Schauspielerin werden. Mir war klar, dass ich mir ab dem Moment, da ich unverschleiert in deutschen Filmen oder als Sängerin öffentlich auftrete, vielleicht sogar Liebesszenen drehen würde, eine Rückkehr in den Iran verbauen würde. Aber ich wollte mir nicht vorschreiben lassen, wie ich mein Leben zu leben habe. Und so gehöre ich heute zu den iranischen Künstlern in der Diaspora, die sich öffentlich gegen das Regime aussprechen, auch wenn das für jeden von uns bedeutet, dass wir nicht mehr zurückkehren können.

Meinen persischen Pass habe ich aber immer noch. Das liegt einfach daran, dass der iranische Staat einen nicht aus der Staatsbürgerschaft entlässt. Selbst wenn ich es wollte, könnte ich den iranischen Pass nicht zurückgeben. Durch meine Doppel-Staatsangehörigkeit habe ich hierzulande keinen einzigen Vorteil, ganz im Gegenteil. Ich werde es zum Beispiel in Zukunft schwer haben, ein Visum für die USA zu bekommen, wo ein Großteil meiner Familie lebt. Die Vorstellung, ich könnte mit meiner Familie einmal sorgenfrei in den Iran fahren und meinen drei Kindern und meinem Mann das Land meiner Kindheit zeigen, wäre für mich ein großer Traum. Genauso wie der, als Sängerin mit meiner Jazzband dort ein Konzert geben zu können.

Ich habe meinem Mann mal die Frage gestellt, was an mir typisch persisch ist. Mein ausgeprägter Stolz, meinte er. Außerdem alles Emotionale, Leidenschaftliche, Aufbrausende, Cholerische, aber auch der Sinn für Loyalität und Familie. Ich komme aus einer für europäische Verhältnisse sehr großen Familie: Mein Vater war eines von sieben Geschwistern, ich habe 27 Cousins und Cousinen ersten Grades und noch mal doppelt so viele zweiten Grades. Fast jeden Freitag, dem islamischen Feiertag, versammelte man sich im Hause eines Familienmitgliedes. Bei stundenlangem Essen diskutierten die Erwachsenen, wir Kinder spielten miteinander. Der Zusammenhalt in iranischen Familien ist sehr groß, gemeinsame Mittag- oder Abendessen spielen eine große Rolle, genauso wie Gastfreundschaft und Respekt vor den Älteren. Das versuche ich, in meiner Familie in Deutschland fortzuführen. So feiern wir zum Beispiel das iranische Neujahrsfest Nowruz, das zu Beginn des Frühlings am 20./21. März stattfindet. Wir machen dann einen

Seit der Beerdigung meines Vaters 1986 war ich nicht mehr im Iran

Gabentisch mit sieben Dingen, die im Iranischen mit S anfangen und symbolisch für Neubeginn, Leben und Weisheit stehen. Die Iraner feiern Nowruz dreizehn Tage lang, und in dieser Zeit besucht man Freunde und Familie. Ein sehr schönes Frühlingsfest. Genauso gerne feiern wir in unserer Familie aber auch Weihnachten und Ostern. Ich glaube, unsere Kinder finden es genauso toll wie ich früher, dass wir durch unseren erweiterten Kulturkreis noch mehr Feste zum Feiern haben. Und mein Mann, der übrigens auch aus einer großen katholischen Familie kommt, die sehr eng zusammenhält, genießt es genauso.

Mein ausgeprägter Stolz ist typisch persisch

Ich will gar nicht verschweigen, dass es manchmal schwierig sein kann, in zwei Kulturen aufzuwachsen. So stört es mich bis heute, wenn Iraner mich abfällig als »deutsches Kind« und Deutsche als Iranerin sehen, mir also eher das Gefühl geben, nicht dazuzugehören, statt Teil von beidem zu seien. Aber tauschen möchte ich nicht. Denn genau diese Mischung – von beidem etwas und durchaus auch manchmal eine gesunde Distanz – macht mich aus. Genau das bin ich und möchte auch nicht anders sein. Ein Kind beider Welten.

Eine Frau zwischen den Welten: Nach ihrer Geburt im Iran verbrachte die Schauspielerin (»Letzte Spur Berlin«) und Sängerin ihre Kindheit in einer persischen Großfamilie, bevor Jasmin Tabatabai mit ihrer Mutter und ihren drei Geschwistern nach Deutschland flüchtete

Mia Florentine Weiss

KÜNSTLERIN

»Die Plazenta ist der Ursprung von Heimat

Meine Mutter ist Anima: Herz, Körper, Seele und Geist. Deshalb liebe ich dieses lateinische Wort so: weil alles, was mir wichtig ist, in diesen fünf Buchstaben zusammengefasst wird. Mein Vater ist eher die Ratio. Das spiegelt sich auch in den Berufen meiner Eltern wieder. Ich bin in einem Akademiker-Haushalt aufgewachsen: Meine Mutter studierte Design und Kunst, mein Vater VWL. Das ist wie ein Goethe-Dualismus: Zwei Seelen wohnen in meiner Brust, zwei Welten sind in mir zusammengekommen. Mein ganz großes Glück war, dass mein Vater viel im Ausland arbeiten musste und wir dadurch mit unserer Familie temporär in Amerika und Russland gelebt haben: erst Los Angeles, dann Moskau. Dieser ost-westliche Divan war für mich prägend, diese komplett unterschiedlichen Kontinente und Länder zu erleben – gerade für mich als

Europäerin. So habe ich früh gelernt, über den Tellerrand zu blicken. Meine Art zu kommunizieren ist sehr amerikanisch: Ich kann auf jeden Menschen zugehen, ich kann mich auf jede Situation einstellen, ich bin mir für nichts zu schade. Oftmals sind Menschen irritiert, wenn ich so offen auf sie zusteuere, weil es die Distanz sprengt und weil das heute einfach viel zu wenige machen. Die russische Seele ist mir auch nicht fern: Ich bin immer am Limit. Der Motor, dass es weitergeht, ist immer die eigene Unzufriedenheit. Die Sinnsuche, die Melancholie, es nimmt mich alles mit, mir fällt es nicht leicht zu verarbeiten. Ich bin dankbar, dass wir viel gereist sind und ich in einem Haushalt aufgewachsen bin, in dem Literatur, Kunst, Musik und Film zum täglichen Umgang gehörten, genauso wie gesellschaftliche Verpflichtungen seitens meines Vaters.

Einmal bewohnten wir ein Open House in Österreich mit Kunstschaffenden aus dem Umfeld meiner Mutter und Freunden meines Vaters – eine seriöse Kommune, also in einer gesitteten Form. Dank der Erziehung und Weltoffenheit meiner Eltern habe ich eine tiefe Stabilität und Sicherheit erfahren. Ohne Angst oder Vorbehalte bin ich schon mit sechzehn allein nach Australien, wo ich für den bayerischen Jugendring tätig war, genauso war ich im Schüleraustausch in England und Frankreich. Wenn wir damals mit unserem klapprigen Kombi quer durch Europa gefahren sind – ich musste auf unseren Autofahrten immer hinten auf dem Loser-Platz in der Mitte sitzen, meine Schwester rechts, das Gepäck links –, nahm ich sehr beflügelnd wahr, dass es irgendwann keine Grenzen mehr gab.

Dank der Erziehung und Weltoffenheit meiner Eltern habe ich eine tiefe Stabilität und Sicherheit erfahren

Durch die Geburt eines eigenen Kindes mache ich mir seit Jahren zunehmend Gedanken: In was für eine Welt ist mein Sohn hineingeboren, wie geht es weiter mit uns? Was ist aus der Vision eines einheitlichen und friedlichen Europas geworden – dass wir Grenzen überwinden und alles schaffen können? Durch den Brexit-Frexit-Exit müssen wir plötzlich über den Wahnsinn von neuen Grenzen nachdenken, weil alles aus dem Ruder gelaufen ist. Das bereitet mir bei dem Thema Heimat große Sorgen. Ich möchte keinen bloßen Melting Pot, dass alles zusammenschmilzt, sondern jedem sein Kulturgut bewahren. Ich möchte das Gondel-Gefühl in Venedig, das Klischee von Croissant und Café au lait in Frankreich, die Kombi aus Lakritz und Fisch in Schweden, Abendessen um Mitternacht in Spanien. Genau das muss bewahrt werden. Für mich ist Europa der Inbegriff, der Nukleus an Kultur. Ich habe schon auf allen Kontinenten gelebt, alle hatten ihre Eigenart, alle hatten ihren Charme. Aber ich fühle mich zutiefst europäisch, weil ich das Gefühl habe, dass wir das größtmögliche Kulturgut, die größtmögliche Geschichte in humanistischer Form besitzen.

Wir sind aufgeklärt, das ist der Grund, weshalb ich oben ohne am Strand rumlaufen, weshalb ich als Frau laut meine Meinung sagen kann und keine Angst haben muss, dass ich ins Gefängnis komme. Wie in der Türkei, wo die Meinungsfreiheit bedroht ist, wie man am Beispiel von Deniz Yücel erleben musste. Wir haben uns demokratische Werte geschaffen, damit muss auch jeder, der hier lebt oder seine neue Heimat finden will, klarkommen: Wir geben Frauen die Hand, wir sind emanzipiert, Gott sei Dank! Ich lebe gern in diesem multikulturellen und vor allem aufgeklärten Europa mit seinen verschiedenen Religionen und Hintergründen und Aspekten. Dass eben jeder genau so sein kann, wie er möchte. Lass doch alle an das glauben, was sie wollen, lass doch alle essen, was sie wollen. Wir brauchen mehr Diversity und Akzeptanz, mehr Umarmung statt Ausgrenzung!

Für mich ist Europa der Inbegriff an Kultur

Die Plazenta, die meinem Sohn gehört, wollte ich als Mahnmal und als Verbindung zur Kraftquelle der Mutter Natur konservieren. Die Mutter Erde ist für mich der Ur-Uterus, die größte Heimat, die alle Menschen auf der Welt haben. Und der Uterus darin ist die Plazenta, in die sie eingebettet ist. Auch wenn die Plazenta Mutterkuchen und nicht Mutter Erde oder Mutterboden ist, besteht aus meiner Sicht eine sehr starke

Verbindung zwischen diesen beiden Worten. Denn am Ende ist die Natur das, was uns nährt. Und die kann durch die weibliche Kraft und Sexualität, ich bin Mutter und Künstlerin, eine sehr große Bedeutung für unsere Evolution besitzen. Der Uterus ist für mich die Ader der Kreativität, die Quelle des Ganzen. Wenn wir uns immer mehr der Technik zuwenden, kann es am Ende sein, dass wir im Rahmen der Digitalisierung die Nabelschnur, also den Draht zur Mutter Natur, verlieren werden. Und auf den müssen wir aufpassen. Durch das Muttersein in meiner Arbeit habe ich ein viel stärkeres, politischeres Bewusstsein entwickelt, einen kategorischen Imperativ auch in meiner Kunst.

Berlin ist der ultimative Uterus für Deutschland: Hier geht alles! Für mich ist es seit 2006 eine Hassliebe: Einerseits ist diese Stadt ein Anker, ein Inspirationsgarant. Ideal für mein großes Studio in der Rummelsburger Bucht. Andererseits so rotzig, grob, du fährst mit dem Fahrrad und dir schreit jemand die übelste Beschimpfung hinterher – das würde in meiner Geburtsstadt Würzburg niemals passieren. Dort bräuchte ich nicht mal das Auto abzuschließen. Nachts konnte ich früher sorgenfrei im Garten schlafen oder im Wald spazieren gehen, ohne Angst haben zu müssen, dass dort jemand hinterm Baum stehen könnte – das wäre in Berlin komplett anders. Als Mutter überlege ich mir natürlich zunehmend, in welchem Mikrokosmos mein eigenes Kind groß werden soll. Als Mädchen habe ich damals in Würzburg mit der Kanne Milch vom Hof geholt und bin mit Tieren aufgewachsen. Nach der Schule habe ich den Ranzen in die Ecke gedonnert, bin direkt nach draußen in die Natur, wo ich mit meinen Freunden Robin Hood gespielt habe. Schulaufgaben habe ich immer im Bus gemacht, da gab es keine Extrastunden oder Helikopter-Eltern-Activities. In Würzburg sind meine Wurzeln, dort bin ich geboren und habe mein Abi gemacht – das ist meine Stabilität, meine Erdung im Leben. Das war nicht zu groß und das war nicht zu klein. Wenn ich gleich nach Berlin, New York oder Moskau reinge-

Durch den Brexit-Frexit-Exit müssen wir plötzlich über den Wahnsinn von neuen Grenzen nachdenken

boren wäre, hätte ich vielleicht die Gewalt dieser Metropolen überhaupt nicht verkraftet. Ich bin immer Schritt für Schritt von einer Stadt in die nächstgrößere. Es war immer ein guter Dualismus aus einem geborgenen Protektorat und dieser Weitsicht des Universums. Deshalb bin ich wohl ein wandelndes Ambigramm, die fleischlich gewordene Version meines Two Word Poems, was just am Brandenburger Tor stand. Eine Skulptur, die von einer Seite als Love und von der Rückseite als Hate gelesen werden kann. Love Hate ist Goethes Faust in uns Menschen – die Diskrepanz aus Schrecken und Schönheit, Gut und Böse, Heimat und Nichtgeborgenheit. Daraus ziehe ich meine Inspirationsquelle. Denn erst die Suche nach Geborgenheit als Spurensuche unseres Weltenwandelns macht uns am Ende menschlich. Oder, um mit Goethes Worten zu sprechen: Nur wer die Sehnsucht kennt, weiß, was ich leide!

Wir brauchen Umarmung statt Ausgrenzung

Über Andreas Tölke (»Be an Angel e.V.«) lernte Ilka Peemöller die Künstlerin bei einer Talk-Runde kennen. Das inspirierende Gespräch über ein liberales Europa war Auslöser, Mia für »HEIMAT« gewinnen zu wollen. Die konservierte Plazenta ihres Sohnes steht sonst im Senckenberg Naturmuseum in Frankfurt am Main

Wotan Wilke Möhring

SCHAUSPIELER

»Wandern im Wald löst bei mir Heimatgefühle aus

Man spürt Heimat erst dann, wenn sie nicht mehr da ist. Einen Großteil meiner Heimat machten für mich immer meine Eltern aus. Und ich habe meinen Vater und meine Mutter verloren. Aber ich habe das Elternhaus in Herne noch, diesen Ort wollte ich auf keinen Fall aufgeben. Die erste Reaktion meiner großen Tochter Mia auf den Verlust ihrer Oma im November 2017 war auch: »Papa, was wird nun aus ihrem Zuhause?« Für mich war immer klar, dass wir das Fachwerkhaus mitten im Wald behalten. Im Gegensatz zu früher lebt es nur noch, wenn meine Schwester, meine zwei Brüder und ich mit unseren Kindern dorthin fahren. Ich bin dort zwar erst als Zwölfjähriger hingezogen, wir wohnten vorher in einer Arbeitergegend in Wanne-Eickel, aber für mich hängen all meine Heimat-Erinnerungen an diesem Haus im Wald in Herne. Die kommen dann oft wie ein Flashback, wie eine Diashow, vor meinem geistigen Auge hoch: wie ich auf der grünen Wiese liege und »Narziß und Goldmund« von Hermann Hesse lese, über mir das Geräusch von zweimotorigen kleinen Fliegern. Mein Sommersound für Heimat.

Ich hatte eine glückliche Kindheit, deshalb ist dieser Ort für mich mit einem guten Gefühl verbunden. Natürlich wird diese Erinnerung aus der Entfernung und mit zunehmendem Alter verklärt, sodass man nur noch das Schöne sieht. Dennoch: Es ist etwas Besonderes zu wissen, dass man einen Anker hat. Wohin man aber gar nicht oft zurückkehren muss – weil allein der Gedanke schon reicht, dass man weiß: Man kann, wenn man will. Das gab mir schon immer Sicherheit und Geborgenheit. Ich glaube, dass du dich dort am geborgensten fühlst, wo du große Freiheit genießt. Ja, genau das ist es: Wenn du dich frei fühlst, fühlst du dich geborgen! Deshalb dachte ich früher immer, Heimat sei kein Ort, sondern ein Gefühl. Aber es ist aus meiner Sicht eher ein Gefühl, das sich an diesem einen ganz bestimmten Ort eher einstellt als irgendwo sonst.

Für mich hängen all meine Heimat-Erinnerungen an diesem Haus im Wald in Herne

Ich wünsche mir, dass meine eigenen Kinder auch mal so einen Ort oder ein Gefühl für sich erleben, irgendwohin zu gehören, um später sagen zu können: »Genau das ist meine Heimat!« Ich muss dazu sagen, dass ich den Begriff Heimat für mich selbst erst sehr spät verorten konnte. Heimat ist nicht virtuell, Heimat ist echt. Man muss sie mit allen Sinnen erfahren. Egal, wie weit wir uns auch durch unser tägliches Leben von der Natur entfernt haben, leider, so macht sie doch etwas mit uns, wir werden ein Teil von ihr. Wandern im Wald löst bei mir Heimatgefühle aus, es beruhigt mich. Dort kenne ich alle Geräusche, jeden Weg. Der Geruch des Waldes, dieses Gefühl von Draußensein, sich zu spüren, zu entdecken, vertraut mit der Natur zu sein, all das genieße ich sehr. Wenn ich draußen bin, fühle ich mich zu Hause. Jede Umgebung bewegt dich, vor allem die der Heimat. Wenn ich länger in den USA oder in Spanien war, habe ich immer den heimischen Mischwald vermisst: Moos trifft auf Fichte. Der Geruchssinn ist der, der am weitesten zurückreicht und am meisten unsere Erinnerung prägt.

Unser Fachwerkhaus liegt in einem Landschaftsschutzgebiet, man hat also optische und akustische Freiheit: Du hörst morgens nur die Vögel, der nächste Nachbar ist ein

700 Meter entfernter Bauernhof, bei dem ich schon als kleiner Junge morgens vor der Schule Milch geholt habe. Bei Wind und Wetter. Das war immer die Aufgabe von uns Kindern. Zu Hause waren wir zu sechst, wir hatten einen hohen Verbrauch, alle zwei Tage musste mal der eine, mal der andere Milch holen gehen.

Der Spruch »Liebe geht durch den Magen« kommt nicht von ungefähr. Wenn ich als Erwachsener nach Hause kam, durfte ich mir bei meiner Mutter immer wünschen, was es zum Mittagessen gibt: Das war dann zum Beispiel Hühnerfrikassee. Oder ich erinnere mich an das tolle Kosakenbrot, das es nur in Herne gibt. Weiß kaum einer, dass Herne eine Brotstadt mit vielen Bäckereien ist. Genauso gehört für mich auch Currywurst-Pommes-Mayo zum Heimatgefühl dazu. Zwischen den Proben mit meiner Punkband Störaktion, damals war ich so fünfzehn oder sechzehn, sind wir immer zu diesem einen Imbisswagen gegangen: »Speckmann«. Als der Anfang 2018 nach über fünfzig Jahren dichtgemacht hat, hat mich das richtig mitgenommen. »Speckmann« gibt's nicht mehr? Das kann doch nicht sein! Damit wurde mir heimlich ein Stück Heimat geklaut.

Du fühlst dich dort am meisten geborgen, wo du große Freiheit genießt

Heimat ist auch der Geruch von meinem Vadder, genauso wie Äußerungen meiner Mudder. Meine Eltern kamen beide aus Bremen. Einer meiner Lieblingssätze, die ich inzwischen an meine Kinder weitergebe, ist, wenn eines von ihnen keinen Hunger hat und rummault: »Dann isst du halt ohne Hunger!« Genauso hupt und winkt man, wenn man wieder von zu Hause wegfährt. In der Familie gibt es Codes, die man wirklich nur in der Sippe versteht. Die Menschen gehen und wechseln irgendwann, aber dieser Ort, der bleibt. Ich hoffe, dass ich meine Heimat erhalten und an meine Kinder weitergeben kann. Natürlich werden sie das Ruhrgebiet als Pott nicht mehr so erleben, wie ich es noch getan habe. Das war früher anders, wir hatten als Schulkinder zwei Tage smogfrei, wenn die Luft stand. Mittlerweile sind die Schutthalden von früher begrünt, damals haben wir auf diesen Schuttbergen gesessen und gekifft.

Klar war es nicht einfach mit mir, ich habe es meinen Eltern oft schwer gemacht. Du musst es auch erst mal schaffen, von einer Waldorfschule beurlaubt zu werden … Aber ich hatte immer dieses Urvertrauen, dass ich mich mit allem an meine Eltern wenden kann. Auch wenn man sich das als Sechzehnjähriger in der Rebellionsphase natürlich nicht eingestehen will. Meinen Kindern möchte ich auch das Gefühl geben, dass ich immer für sie da bin. Ich weiß natürlich, dass Geheimniskrämerei dazugehört, und ich habe auch schon ein bisschen Bammel vor der Pubertät meiner zwei Mädels. Mal sehen, ob ich in der Lage bin, die richtigen Sachen zu entscheiden. Das Haupterziehungsmerkmal ist, wie du es vorlebst. Wieso willst du etwas verlangen, wenn du es selbst auch nicht machst? Die beobachten alles. Das Vorleben ist viel mehr wert als die Ansagen.

Heimat ist nicht virtuell, Heimat ist echt. Man muss sie mit allen Sinnen erfahren

Ich war als Teenager sicher nicht immer Vorbild. Als rauskam, dass wir Autos geknackt haben und ich angeblich der Chef der Bande war, war für mich die allergrößte Strafe, meine Eltern und auch meinen Lieblingslehrer enttäuscht zu haben. Das hat mich mehr getroffen als eine Backpfeife. Mein Vater hat mich trotzdem von der Polizeiwache abgeholt. Er hat sowieso anders reagiert als andere Eltern, immer. Als einmal angeblich Anzeige gegen mich erstattet worden war, weil ich die Fassade von McDonald's mit Farbbeuteln beworfen hatte, hat mein Vadder mit mir nachts die Schmierereien weggemacht. Ernsthaft, bis zum Morgengrauen stand er auf der Leiter und hat mir geholfen, das alles wegzuputzen. Direkt danach ist er morgens zu seinem Arbeitstermin gefahren, ich ab in die Schule. Das werde ich ihm nie vergessen. Wenn bei uns zu Hause das Telefon geklingelt hat, wusste man nie, ob es die Polizei war oder nicht – ein mieses Gefühl, ehrlich. Deshalb versuche ich, meinen Kinder zu vermitteln: Wenn du es erzählst, dann bist du es los – also raus damit! Egal, wie die Gesetze oder die Regeln sind – das Gewissen ist der größte moralische Maßstab. Etwas zu tun in dem Bewusstsein, etwas Schlechtes zu tun, ist eigentlich das Schlimmste.

Für meine Mutter war das Schlimmste, wenn sie nicht wusste, wo ich stecke. Weil ich ja immer abgehauen bin in den Punkkeller, also Proberaum, zum Musikmachen. »Wo gehst du hin?«, hat sie mich immer gefragt. »Wer sind denn deine Freunde?« Weil sie dachte, was das für komische Gestalten sind, mit denen ich abhänge. Das ist bei uns also zum Leitsatz geworden: Man muss sagen, wo man hingeht und wie man im Notfall zu erreichen ist. Damals gab es ja keine Handys. Genauso war es wichtig, immer Hallo und Tschüs zu sagen, das trägt sich bis heute fort: dass man eine SMS schickt oder anruft, wenn man angekommen ist. Meine neunjährige Tochter ist jetzt in einem Alter, da will man sich nicht bei Papa verabschieden, schon gar nicht vor der Schule vor all den anderen. Aber ich sage ihr immer: Du musst mir tschüs sagen, dann eben im Auto! Das ist mir ganz wichtig, genauso wie Gute Nacht sagen. Das kommt auch von früher. Ich wusste, dass meine Mutter nicht schläft, bevor ich sicher zu Hause war. Egal, wie spät es war, hat sie mich also immer gehört. Ich konnte mich sowieso nicht reinschleichen, es knarzte alles bei uns im alten Fachwerkhaus.

Ich habe bis heute nicht verwunden, dass meine Mutter einfach so gestorben ist

Früher hat man meistens gar nicht viel geredet, wenn man nach Hause gekommen ist. Oft habe ich die Sachen in die Ecke geworfen, was gegessen oder erst mal eine Runde gepennt. Ohne dass man viele Worte gewechselt hat, hat man dennoch gespürt, dass der andere weiß, wie es einem geht und was man braucht. Und mit diesem Gefühl des Wohlbefindens hat man sich aufgetankt.

Wenn man selbst zu einem Elternteil geworden ist, werden die Eltern noch wichtiger, weil man so viel hat, worüber man sich austauschen will. »Wie war das bei euch?«, »Ist das normal?« – all diese Fragen, die dir natürlich erst dann kommen. Aber das kann ich sie alles nicht mehr fragen, denn sie leben nicht mehr. Ich hätte meiner Mutter gern noch ein paar Orte gezeigt, die sie aus Geldnot nach dem Krieg nie hätte bereisen können. Meine Mutter war in den Sommerferien mit meinen Kindern immer dabei. 2018 waren wir seit dem Tod meines Vaters vor vierzehn Jahren das erste Mal ohne sie in den Sommerferien. Den Sitz im Flieger neben uns habe ich leer gelassen, ich wollte nicht, dass jemand Fremdes an ihrer Stelle neben uns sitzt.

Wenn man mit Freunden ins Ruhrgebiet reist, ist das ja nun nicht gerade schön, wenn man ehrlich ist. Das kann man nur schön finden, wenn man eben daher kommt. Kaum einer hat Arbeit, die Häuser haben Risse. Aber das sehe ich nicht, ich bin gerne im Pott, was natürlich auch sehr viel damit zu tun hat, wie die Menschen dort sind. Ich habe dort selten missgünstige oder größenwahnsinnige Leute erlebt. Sie sind gar nicht schlicht, sondern eben Arbeiter. Es wurde immer malocht. Als Teenager dachte ich, dass der Tausend-Gramm-Hammer Mottek heißen würde. Dabei ist Mottek einfach nur das polnische Wort für Vorschlaghammer. Das war für mich ein ganz gängiger Begriff. Die Menschen aus'm Pott sind vielleicht direkt und ehrlich, aber sie sind dabei nicht grob.

Heimat zu haben ist ein Privileg. Das wird gerade durch die Flüchtlingsproblematik noch deutlicher. Keiner verlässt gerne seine Heimat, und heimatlos zu sein, ist für uns hier nur schwer vorstellbar. Heimat ist ein unbewusster Wert oder eine unbewusste Ausgangslage für alles: fürs Selbstbewusstsein, für Bindungen, für eine Fokussierung. Davon bin ich fest überzeugt.

Heimat ist ein unbewusster Wert oder eine unbewusste Ausgangslage für alles: fürs Selbstbewusstsein, für Bindungen, für eine Fokussierung

Ich versuche, meinen Kindern alles aus meiner Kindheit – ob Bücher, Gerüche, Speisen – weiterzugeben. Als Kind speichert man das ab, um später dieses Gefühl von Heimat herzustellen. Das sind unbewusste Eindrücke, die beruhigend wirken. Aber sie müssen für sich selbst herausfinden, wo sie ihre Heimat finden. Alle drei wachsen bei ihrer Mutter in Köln auf und gehen dort in den Kindergarten oder zur Schule. Wahrscheinlich wird deshalb Köln für sie einen anderen Bezug haben als für mich.

Obwohl ich dort schon seit über zehn Jahren wohne, wird Köln nie meine Heimat werden.

Meine Kinder sind jetzt in einem Alter, da gehen sie auch schon alleine im Wald in Herne mit dem Hund spazieren. Und einmal im Jahr wandern wir mit anderen Vätern aus der Kita und deren Kindern in der Eifel zwei, drei Tage zwanzig Kilometer: zum Beispiel auf dem Lieserpfad, einem der schönsten Wanderwege Deutschlands, direkt an einem Fluss. Der Weg ist ein Teil des Eifelsteigs, der wiederum geht von Aachen bis nach Trier. Wir übernachten draußen im Wald – ohne Zelt, wir ziehen dann eine Plane zwischen zwei Bäumen oder schnitzen dafür Stöcke. Wir baden im Fluss, haben alles Essen dabei und kochen selbst. Ich genieße das dann sehr, dieses Gefühl von Draußensein und will es teilen. Wenn man als Kind dieses positive Heimatgefühl hatte, dann kehrt man an den Ort zurück.

Ich werde nicht ins Ruhrgebiet zurückziehen. Ich glaube, es reicht zu wissen, dass man es könnte. Zu wissen, dass es die Heimat, diesen Ort, noch gibt, dass sie nicht zerbombt ist. Dass du könntest, wenn du wolltest. Es ist nicht weg. Selbst wenn Menschen wie die eigenen Eltern gehen oder die Pommesbude verschwindet, das Gefühl für diesen Ort bleibt doch bestehen. Und man muss auch gut überlegen, ob man diesem Ort, der einem etwas bedeutet hat, nicht die Chance gibt, sich zu verändern. Genauso wie man sich ja auch verändert.

In den Neunzigern arbeitete der gelernte Elektriker und Ex-Punker als Model in den USA. Dort vermisste der ausgezeichnete Kino- und TV-Star (u.a. »Grimme-Preis«) und »Tatort«-Schauspieler am meisten den Duft des europäischen Mischwaldes

The Duc Ngo

GASTRONOM & KOCH

»Ich bin Deutscher, das PASSt!

Ich habe noch genau das Bild vor Augen, wie meine Tante Kiu uns drei Jungs fest mit ihren Armen umklammert, während wir auf einem Felsen sitzen. Mitten im Südchinesischen Meer. Bei heftigstem Wellengang hatte unsere kleine Dschunke Schiffbruch erlitten, als wir aus Vietnam flüchten mussten. Wir waren Boat People, meine Mutter und meine vier Tanten hatten eine Schleuserbande bezahlt, die uns mit dem Schiff nach Hongkong bringen sollte. Wir waren mit achtzig Menschen auf einem Schiff, das vielleicht gerade mal für dreißig Passagiere zugelassen war. Uns erging es 1979 so wie vielen Flüchtlingen aus Syrien heute.

Ich war damals fünfeinhalb Jahre alt. Meine zwei jüngeren Brüder Anh und Chau und ich wurden zwar in Hanoi geboren, woher auch meine Mutter Thi Yen stammt, aber wir hatten väterlicherseits chinesisches Blut. Und zu der Zeit wurden in Vietnam Chinesen diskriminiert und verfolgt. Also mussten wir mit den Schwestern meines Vaters und meinen drei Cousins flüchten. Für meine Mutter war es ganz besonders schwer: Zum einen, weil sie von ihrer vietnamesischen Familie weggerissen wurde, zum anderen weil sie plötzlich ganz allein mit uns drei Kindern dastand. Denn kurz vor unserer geplanten Flucht kam mein Vater Le Hung bei einem Unglücksfall ums Leben. Weil bei uns die Ventilatoren nicht mehr gingen, wollte er etwas an der oberirdisch verlaufenden Stromleitung auf der Straße reparieren. Er kletterte hoch hinauf, bekam einen Schlag, fiel auf den Kopf und starb auf der Stelle. Zu dem Zeitpunkt hatte meine Mutter gerade erst das dritte Kind entbunden.

Durch den Schiffbruch waren wir alle gezwungen, drei Tage bis zum nächsten Dorf zu laufen. Wir hatten nicht mal Schuhe an. Wir hatten sowieso nichts. Als wir endlich in Hongkong ankamen, mussten wir dort circa sechs Wochen in einem großen Asylbewerberlager darauf warten, auf eins der freien Länder verteilt zu werden. Von einem auf den anderen Tag gab es für meine Familie und mich die Möglichkeit, entweder nach Chile oder nach Deutschland auszureisen. Wir hatten Glück, denn wir waren Ende 1979 die zweite Welle der Boat People – und die wurden statt in Braunschweig in Berlin-West aufgenommen.

Wir waren Boat People und kamen 1979 nach West-Berlin

Dort wohne ich bis heute, dort fühle ich mich am wohlsten. Ich bin in Charlottenburg aufgewachsen und zur Schule gegangen. In der Grundschule gab es immer mal wieder blöde Kommentare über meine Augen oder meine schwarzen Haare. Kinder können schnell fies werden, wenn sie sich nicht anders zu helfen wissen: »Schlitzauge« oder »Reisfresser« waren keine seltenen Ausdrücke. In der Oberschule nannten mich die anderen Jugendlichen »Gook«, ein abfälliger Ausdruck für Ostasiaten, den die

US-Soldaten im Vietnamkrieg benutzten. An mehr kann ich mich nicht erinnern, so schlimm kann es also nicht gewesen sein.

2005 war ich das erste Mal mit meinen zwei Brüdern und meiner Mutter wieder in Hanoi. Es war sehr emotional, meine ganze Familie wiederzutreffen. Ich hatte immer den Wunsch, meine Wurzeln zu entdecken: Ab dreißig, wenn du erwachsen bist, kommen plötzlich diese Fragen: Woher komme ich, was macht mich aus? Ich gehöre in Vietnam dazu, meine Onkel und Tanten tun alles für mich, in Asien ist Familie das höchste Gut. Man ist füreinander da, deshalb unterstütze ich sie auch finanziell. Wenn ich in meiner Heimat bin, erkennt natürlich jeder, dass ich Ausländer bin – viele schätzen mich als Chinesen, Singapurianer oder Koreaner ein, weil ich nicht wie ein typischer Vietnamese aussehe. Die sind sehr hager, kantig, dünn und klein. Aber wenn ich anfange zu sprechen, ich kann sehr gut Dialekte, dann sind die Einheimischen überrascht. Von Kindheit an habe ich mitbekommen, wie die älteren Pärchen miteinander umgegangen sind und miteinander gesprochen haben. Das war in meinen Ohren immer ein sehr schöner Klang. Das schönste vietnamesische Wort ist Anh Oi, was älterer Bruder bedeutet, in altmodischem Deutsch entspräche das in etwa Herr Bruder. In der Höflichkeitsform wird im Vietnamesischen so immer der Ältere angesprochen. Das ist höflich und liebevoll, klingt anders als das einfache Du. Und wenn das die richtige Frau zu dir sagt, ist das unglaublich schön. Man fühlt sich gut, wenn man so behandelt wird. Und ich glaube, dass wir das gegenseitige Ehren durch unsere Demokratie und Gleichberechtigung in den westlichen Ländern oft verloren haben.

> **Am liebsten würde ich als Mensch oder als Weltenbürger gelten**

Ich bin Deutscher, das passt! Klar bin ich gebürtiger Vietnamese mit chinesischem Vater, aber es sollte keine Eingrenzungen oder Abgrenzungen geben, ich möchte nicht kategorisiert oder klassifiziert werden. Am liebsten würde ich nur als Mensch oder als Weltenbürger gelten. Mit meiner Heimat in Vietnam und meinem Zuhause in Berlin, wo ich mir alles aufgebaut habe: Mit sechzehn fing ich an, an den Wochenenden bei

McDonald's an der Clayallee in Dahlem zu jobben, danach verkaufte ich Eis im Berliner Zoo und später wurde ich Kellner im American Diner »Route 66« am Ludwigkirchplatz. Nebenan betrieb Tilman Zorn das »Sushi Berlin«, einen der ersten Sushi-Läden der Stadt. Mir gefiel die ganz Arbeitsart und -weise, also heuerte ich dort an, bevor ich 1999 meinen ersten eigenen Sushi-Laden »Kuchi« eröffnete.

Es sollte keine Eingrenzungen und Abgrenzungen geben

Was ich im Deutschen gelernt habe: dass man seine Arbeit ordentlich macht und pünktlich ist. Im Vietnamesischen geht es mehr nach dem Motto »Heute hier und morgen dort« ab. Ich kann auch nicht, wie in Asien üblich, mein Gesicht wahren – also keine Miene verziehen. Die Japaner können es extrem gut, weil sie es so gelernt haben – für sie gibt es kein Versagen und kein wirkliches Nein. Ich bin dagegen sehr emotional und rege mich schnell auf, was dann unübersehbar ist. Ich versuche aber, Dinge ordentlich und respektvoll auszusprechen und auf diese Weise Probleme zu vermeiden. Bisher bin ich damit ganz gut gefahren, wie ich in meinen inzwischen zwölf Restaurants mein Team aus zweihundert Angestellten führe und behandele. Jeder hat so seine Art, jeder muss seine Balance finden. Auf jeden Fall weiß ich, mich zu benehmen! Das verdanke ich zum einen meinem deutschen Vater Mike, der uns Anfang der Achtzigerjahre bei sich aufgenommen hat und mit dem meine Mutter fünfzehn Jahre verheiratet war. Beim Essen hat er immer sehr darauf geachtet, wie wir am Tisch zu sitzen und mit Messer und Gabel zu essen haben. Strenge Benimmregeln gab es auch von der Schwester meines Vaters, mit der wir damals zusammen geflüchtet waren. Wenn wir Kiu am Wochenende in Reinickendorf besuchten und zu heftig in ihrer Wohnung herumtobten, drohte sie mir immer: »Wenn du zu laut bist, dann schmeißen sie dich hier raus, also sei leise!« – das war natürlich für uns Kinder eine ganz klare Ansage! Was vielleicht dazu geführt hat, dass wir eben nicht nur das gemacht haben, was wir wollten. Wenn wir bei meiner Tante zu Besuch waren, gab es das chinesisch-vietnamesische Essen wie Reissuppe oder kantonesisch gegrilltes Enten- und Schweinefleisch. Das war immer Heimat für mich.

Noch heute verbinde ich den Duft von Koriander, Fischsauce oder Sternanis mit Vietnam. Das Essen in Hanoi ist clean, wie die Pho aus Rinderbrühe mit dünnen Rindfleischstreifen. Deshalb gefällt mir als Koch die nordvietnamesische Küche ganz besonders. Vor allem das gegrillte und mit Zucker karamellisierte Schweinefleisch, wie es dort auf den Straßen und sonst nirgendwo auf der Welt angeboten wird. Wenn ich nach Vietnam fliege, dort diese Gerüche in meine Nase strömen und ich die Sprache höre, fühle ich mich geborgen. Weil es Erinnerungen weckt. Heimat hat immer etwas Romantisches und Nostalgisches.

Heimat hat immer etwas Romantisches und Nostalgisches

Viele Mails und Whatsapp gingen hin und her, bevor sich The Duc Ngo nach einem Vorgespräch in seinem Restaurant »Funky Fish« in Berlin zu einem Ja für das Buch entschließen konnte. Mit dem Shooting in Berlin war das Eis komplett gebrochen

Diana Kinnert

POLITIKERIN

»Durch den Tod meiner Mutter ist ein Stück Heimat weggebrochen

Bis vor einigen Jahren habe ich mit dem Begriff Heimat stets meinen Geburts- und Kindheitsort verbunden: Die gewachsene und gewandelte Industriestadt Wuppertal, genauer gesagt ihr Stadtteil Elberfeld. Dort am westlichsten Stadtrand, in einer Häusersiedlung mit Spielstraßen, war alles zutiefst idyllisch. Die malerische Seite des Bergischen Landes, das rheinische Schiefergebirge, war Kulisse meiner Kindheit. Ich tollte auf Obstbäumen herum, baute Staudämme und lagerte Flitzebogen und Steinschleuder in geheimen Höhlen. Das Leben um meine Hausnummer war so harmonisch wie es harmlos war.

Ich war noch ein Dreikäsehoch, als mir mein Vater meine erste Berufskarriere bereitete. Als Justizvollzugsbeamter und früherer Privatdetektiv brachte er mich auf die Spuren von Sherlock Holmes. Ich las Detektiv- und Abenteuergeschichten, lernte, mit Fingerabdruckpulver umzugehen, legte Verdächtigenkarteien mit den Profilen unserer Nachbarn an und badete im Rätselspaß des Detektivspielens. Als mir die aufgetragenen Rätsel meines Vaters schließlich zu einfältig wurden, machte ich mich auf echte Verbrecherjagd. Mit Schirmmütze in Sherlock-Holmes-Manier hockte ich hinter Stromkästen und in Sträuchern und notierte, wann immer ein Nachbar im Auto das rote Ampellicht überfuhr. Nach erfolgreicher Nachmittagsobservation schlich ich mich ans heimische Festnetztelefon und kontaktierte meine Kollegen von der Polizeiwache: »Juniordetektiv Diana Kinnert hier, ich möchte etwas melden.« So erarbeitete ich mir zwar sehr früh Gesetzestreue, gegrüßt haben mich unsere Nachbarn danach aber nur noch selten.

Wenige Jahre später meldete ich Neonazis und Pädophile ebenfalls an die Polizei. Die versteckten sich in den Chaträumen, in denen ich mich mit Gleichaltrigen zu unterhalten glaubte. Mein Vater und sein Beruf prägten mein Vertrauen und meinen Glauben an unser Rechtssystem sehr. So dauerte es auch nicht lange, bis ich weitere Institutionen belagerte. In Briefen an den Oberbürgermeister setzten sich die Nachbarskinder und ich für einen neuen Spielplatz ein und engagierten uns gegen Baumfällungen in der Gegend. Die ersten lokalen Zeitungsberichte über mich hatten damals noch nichts mit Politik zu tun. Die Stadt amüsierte sich über den Juniordetektiv, der nicht lockerließ. Heute schmunzele ich darüber, etwas beschämt auch, aber im Geheimen doch mit stolzgeschwellter Brust.

> **Heimat ist, wo ich lebe, was aus mir herausleben will**

Nach der abenteuerlichen Kindheit folgte die vielbeschäftigte Jugend. Die Lupe hatte ich inzwischen gegen ein Fußballtrikot eingetauscht. Die Wochenenden verbrachte ich abwechselnd auf dem Kunstrasenplatz und in der Sakristei. Meiner Großmutter zuliebe wurde ich Ministrant im Gottesdienst. Als sich schließlich Alkopops und erste Jugendfeten in mein Leben mischten, standen sowohl der Fußball- als auch der Kirchengott hinten an. Nach dem Abitur verließ ich mein Wuppertal gen Studienstadt Göttingen, später dann nach Amsterdam. Auch meine jüngere Schwester zog nach dem Schulabschluss aus. Meine Eltern verkauften die Doppelhaussiedlung mit Reihengarten.

Eine knappe Stunde entfernt entdeckten sie eine alleinstehende Villa im Wald, heruntergekommen und unbewohnbar. Aber der klare Bach, der am Kellergemäuer vorbeiplätscherte, und der finstere Wald voller Spinnennetze und Moosboden waren Grund genug, das Liebhaberstück zu ersteigern. Oft kehrte ich von meinen Studienaufenthalten heim und träumte mit der Familie von jenem Tag, an dem die Renovierungsarbeiten endlich abgeschlossen und der Umzug in das neue Haus endlich vollzogen sein würden. Doch dazu kam es nie. Nicht in dieser Form. Während ich längst in Berliner Regierungskreisen gearbeitet hatte, meine jüngere Schwester ihr Studium in Bonn abschloss und mein Vater das Haus im Wald renovierte, erlag meine Mutter einem Aneurysma. Sie schnitt die Rosen im Zauberwald. Sie wurde keine fünfzig Jahre alt.

Wenn ein Mensch stirbt, endet ein Gespräch

Meine Eltern hatten sich kennengelernt, als mein Vater gerade Beamtenanwärter in Wuppertal war und meine Mutter ihr Lehramtsstudium auf den Philippinen abschloss. Über lange Zeit schrieben sie sich Briefe. Sie war leidenschaftlich, gesellig, immerzu heiter. Er ist bis heute analytisch, sachlich, nüchtern. Mich macht stolz, ihr Kind zu sein. Wenn ich meine jüngere Schwester ansehe, bewegt es mich manchmal so sehr, wie ich meine Mutter in ihr weiterleben sehe. 1989 kauften sie das One-Way-Ticket. 1990 wurde geheiratet. 1991 ist mein Geburtsjahr.

Der Beginn im fremden Land war sicher schwer. Ich erinnere mich, dass mir meine Mutter erzählte, wie sie mit einer Leiter zum verabredeten Erdbeerpflücken erschien, weil sie schlicht nicht wusste, dass diese nicht auf Bäumen wachsen. Ich habe nach ihrem Tod nicht viele Besitztümer von ihr behalten. Es schmerzt zu sehr, sich damit zu umgeben, und ihre Abwesenheit dann so donnernd zu spüren. Ihr Deutsch-Englisch-Wörterbuch liegt jedoch bis heute auf meinem Nachttisch. Stolz hatte sie in den Inneneinband geschrieben: »Dieses Buch gehört Jocelyn Josol Kinnert.« Das war nicht nur ein Bekenntnis zu ihrem Sehnsuchts- und neuen Heimatort Deutschland, es war auch Ausdruck ihrer Integrationshaltung.

Das Weihnachtsfest nach ihrem Tod war eine Katastrophe. Es war todtraurig. Es war nun an meinem Vater, meiner Schwester und mir, neue Familienrituale zu erfinden. Weil keiner von uns gerne telefonierte, hatte meine Mutter seit jeher unseren regen Familienaustausch koordiniert. Auf einmal klingelte bei keinem von uns mehr das Telefon. Nicht im neuen Haus meines Vaters, nicht in der Wohnung meiner Schwester, nicht bei mir in Berlin. Wir mussten lernen, den Telefonhörer selbst in die Hand zu nehmen. Durch den Tod meiner Mutter ist ein Stück Heimat weggebrochen. Mein Vater lebt inzwischen in der Villa im Zauberwald. Ich bilde mir ein, meine Mutter in all den sagenumwobenen Naturschauspielen sehen, lesen und fühlen zu können. Doch dort gibt es keine Kindheitserinnerungen. Keine alten Baumhäuser, keine alten Detektivbüros. Es ist ein neuer Ort. Es gibt neue Rituale. Ich trage neue Gefühle in mir.

Ich bin kein Durchschnitt meiner beiden Elternteile, ich bin kein Durchschnittsdeutscher, kein Durchschnittseuropäer, keine Durchschnittsfrau

Meine Mutter liegt auf dem Friedhof unserer alten Gemeinde begraben, ganz in der Nähe der alten Baumhäuser und der alten Detektivbüros. Wenn ein Mensch stirbt, endet ein Gespräch. Wie viel hätte ich sie noch fragen wollen. Woher man weiß, dass jemand der Richtige für einen ist. Ob sie Angst hatte, eine schlechte Mutter zu werden. Jeden Tag stelle ich Fragen. Aber die Antworten bleiben aus. Ich kehrte zurück in meinen alten Beruf, auf einmal war ich wieder Juniordetektiv und auf den Spuren meiner eigenen Mutter. Wer war sie gewesen unabhängig von ihrer Rolle als Mutter? Wie war sie als Tochter, als Schülerin, hatte sie Ärger gemacht in der Jugend? Wie war sie, bevor sie meinen Vater kennengelernt hatte, bevor sie Deutsche wurde?

Zum ersten Mal in meinem erwachsenen Leben stieg ich im Geburtsland meiner Mutter aus dem Flugzeug. Ich verbrachte Zeit mit ihren Eltern, meinen Großeltern, und unterhielt mich nächtelang mit den Cousinen und Cousins meiner Mutter. Nicht wenige im Dunstkreis der Familie waren obdachlos, schliefen auf Kartons, hatten keinen Zugang zu sauberem Wasser oder zu Elektrizität. Ich lernte Demut, gewann Mut und fühlte mich meiner Mutter näher. Ich war süchtig nach all den Anekdoten, die alte Schulfreunde über sie erzählten. Wenn ein Mensch stirbt, muss ein Gespräch nicht enden. Vielleicht setzt es sich fort. In den Erinnerungen, in den Träumen, in den Entscheidungen meiner Schwester, in meinen, im gemeinsamen Vermissen, in all den Sagen und Erzählungen. Rainer Maria Rilke schrieb einmal, man müsse die Fragen an sich lieb haben. Wer sie lebe, lebe vielleicht allmählich eines fremden Tages in ihre Antworten hinein.

Ich bin das Ergebnis facettenreicher Prägungen

Ich trage Verschiedenheit in mir. Darum ist eigentlich nicht verwunderlich, dass mich mein Weg in die Politik geführt hat. Denn was ist Politik anderes, als das faire Ordnen und Organisieren von Verschiedenheit? Mein Vater stammt aus einer streng katholischen Bauernfamilie aus Oberschlesien. Er ist Wuppertaler Justizvollzugsbeamter, diszipliniert und pflichtbewusst. Meine Mutter wuchs in den Reisfeldern der Philippinen auf. Sie besuchte eine katholische Mädchenschule. Versäumte sie eine Schulstunde, wurde sie ausgepeitscht. Ist Identität weitervererbbar? Waren meine Mutter und mein Vater genauso katholisch und sittsam streng mit mir wie ihre Eltern mit ihnen? Im Gegenteil. Den strengen Regelkatholizismus, dem sie selbst unterworfen waren, wollten sie um keinen Preis der Welt an die eigenen Kinder weitergeben. Es waren vielmehr meine Schwester und ich, die sich noch die Ohren zuhielten, als beide uns zum ersten Mal über Sex aufklärten. Zur ersten Periode bekamen wir Geschenke und schämten uns. Als ich Mädchen statt Jungen nach Hause brachte, war es ihnen nicht einmal eine Nachfrage wert. Nichts fühlt sich so sehr wie zu Hause an wie Liberalität.

Wer bin ich? Wohl mit jedem neuen Tag jemand anderes, dabei aber hoffentlich immer ganz nahe an dem, was ohne Not und Drang aus mir herausleben will. Ob Kirchenschiff oder Kunstrasenplatz, Baumhaus oder Detektivbüro, Zauberwald oder Friedhof, Parlament oder Kneipe – das darf ich entscheiden. Ich bin kein Durchschnitt meiner beiden Elternteile. Ich bin kein Durchschnittsdeutscher, kein Durchschnittseuropäer, keine Durchschnittsfrau, kein Durchschnittsmillennial. Ich bin das Ergebnis unzähliger facettenreicher Prägungen – durch meine ethnische und kulturelle Familiengeschichte, die regionale Herkunft, die soziale Klasse, das liberale Milieu, durch die Menschen, die gekommen und wieder gegangen oder manchmal geblieben sind, durch all die Erfahrungen und Versäumnisse, die Höhenflüge und die Katastrophen. Heimat ist, wo ich mir selbst erlaubt bin. Gedankenfreiheit, Beinfreiheit, Befreitheit.

Heimat ist, wo ich mir selbst erlaubt bin. Gedankenfreiheit, Beinfreiheit, Befreitheit

Ich lebe seit fünf Jahren in Berlin. Meine Lieblingsorte sind zwei israelische Restaurants und Bars. Das Yafo in Berlin-Mitte und das Shishi in Berlin-Kreuzberg. Shani Ahiel, jüdische Israelin mit jemenitischen Wurzeln und Besitzerin beider Lokale, ist eine meiner besten Freundinnen. Wenn ich ihre Restaurantgäste an die Polizei verpetze, weil sie vor den Lokalen falsch geparkt haben, schreit sie mich auf Hebräisch an. Ich verstehe ihre hebräischen Schimpfworte. Wenn ich es dann wiedergutmachen möchte, erzähle ich ihr Geschichten aus der jüdischen Kultur oder bringe ihr arabische Süßigkeiten mit. Wohnt in mir dennoch ein deutscher Katholik mit philippinisch-polnischen Wurzeln? Ja. Aber auch noch so viel mehr.

Wortgewandt, weltoffen und aus Wuppertal: Der CDU-Youngster mischt die eingestaubte Politik auf. Mit 24 war Diana Kinnert im Kabinett Merkel die jüngste Büroleiterin im Bundestag. Ihre Freizeit verbringt die engagierte Wahl-Berlinerin am liebsten beim Angeln

Jorge González

STYLIST, MODEL-COACH &
»LET'S DANCE«-JUROR

*» Das ultimative Heimat-
gefühl: Domino-Spielen
mit meinem Papa –
wie auf Kuba*

Von meinem Papa Gudelio habe ich das Extrovertierte. Er ist ein Showman, sehr kommunikativ, charmant und positiv. Er meckert nie und ist unkompliziert. Außerdem ist er ein echter Lebemensch, von ihm habe ich gelernt: »Du musst immer genießen, dass du lebst – egal in welcher Situation, egal in welchem Moment.« Er hat recht, man darf nichts für selbstverständlich nehmen. Ich bin dankbar, dass er mir diesen Leitsatz mit auf den Weg gegeben hat. Denn dadurch spürte ich innerlich so viel Stärke und Selbstbewusstsein, als ich mit siebzehn Jahren allein nach Europa zog.

Ich musste meine Heimat verlassen, weil ich dort nicht frei sein konnte. In den Achtzigerjahren war die kubanische Gesellschaft extrem diskriminierend, Homosexualität war verboten. Ich hatte eine glückliche Kindheit, aber als ich älter wurde, trug ich ein zweites Ich in mir, das ich nicht ausleben konnte. Und ich hatte immer Angst, dass die Leute mitkriegen, dass ich schwul bin. Vor allem wegen meiner Familie. Das wäre zu der damaligen Zeit auf Kuba eine Schande für meine Eltern gewesen, ich wollte sie schützen. Aus Respekt ihnen gegenüber hätte ich das nicht ertragen, wenn sie ernsthaft Probleme bekommen hätten. Aber ich wollte mich nicht länger verstecken. Also zog ich zum Studieren in die Slowakei. Wenn ich meine Heimat damals nicht verlassen hätte, hätte ich keine richtige Zukunft gehabt, ich hätte nicht an die Uni gehen können. Als Homosexueller kamst du ins Gefängnis oder wurdest des Landes verwiesen. Ein Freund von mir wollte Kuba nicht verlassen, weil er das einzige Kind in der Familie war. Aber er hatte keine andere Wahl, er wäre sonst verhaftet worden. Zum Glück hat sich inzwischen sehr viel verändert, Kuba ist jetzt bunt, und Homosexualität wird Gott sei Dank in zunehmendem Maße akzeptiert.

Meine Mutter war der Anker für die Familie, so wie ich es jetzt bin

Ich wusste schon mit vier Jahren, dass ich schwul bin. Und traf als Teenager eine Entscheidung. Denn das Leben ist wie ein Theaterstück – du definierst deine Rolle! Erwarte nicht, dass das jemand für dich übernimmt. Meine geliebte Großmutter Juanita war die Erste, die entdeckte, dass ich homosexuell bin. In einem Buch hatte ich ausgeschnittene Fotos von Filmstars wie Alain Delon und Marlon Brando eingeklebt, die ich mir immer heimlich verliebt anschaute. Sie fand es in meinem Zimmer, und als ich von der Schule nach Hause kam, sagte sie zu mir: »Du musst das besser verstecken, wenn du willst, dass das keiner findet.« Ich war damals neun Jahre alt und wusste nicht, wie ich reagieren sollte. Da meinte meine Oma Juana liebevoll zu mir: »Du bist gut so, wie du bist!« – diesen Satz werde ich in meinem ganzen Leben nie vergessen.

Diese wunderbaren Worte sind mein Lebensmotto, das ich auch an andere weiterzugeben versuche. Ich kann dir jeden Tag eine Million Mal sagen, dass du hübsch bist, aber du musst es selbst spüren. Oma Juana, die Mutter von meinem Vater Gudelio, war mein großes Idol. Sie war sehr hübsch und sehr elegant. Sie trug immer eine Orchidee in ihrem Haar, meist eine feine weiße Bluse mit langen Ärmeln und dazu einen Bleistiftrock. Selbst mit 85 trug sie immer noch High Heels, meine Leidenschaft für hohe Schuhe habe ich mir bei ihr abgeguckt. Wenn Gäste kamen, schlüpfte sie schnell in ihre hohen Schuhe und versteckte ihre Pantoffeln unter dem Sessel. Sie kam aus der Generation, in der Frauen immer geschminkt und gestylt waren. »Ein Mann sieht eine Frau niemals unfrisiert und ohne Make-up!« – das war ihre Philosophie. Ihre Ästhetik und Eleganz hatten mich sehr beeindruckt. Eine sehr selbstbewusste Frau – und Mutter von achtzehn Kindern! Siebzehn Jungs und ein Mädchen, darunter waren zwei Adoptivkinder und Zwillinge.

»Du bist gut so, wie du bist!«, sagte meine Oma Juana

Sie war immer für jeden da, obwohl sie fast alles allein machen musste. Denn mein Opa saß im Rollstuhl, weil er schon sehr alt war und Probleme mit den Knochen hatte. An jedem Sonntag gab es das Essen mit der gesamten Familie bei meiner Oma Juana, fünfzehn Kilometer von unserem Dorf Jatibonico in der Provinz Sancti Spíritus entfernt. Jeder musste in seiner Sonntagskleidung erscheinen. Und pünktlich, da war sie sehr »deutsch«. Um 12 Uhr sollte jeder an seinem Platz an der großen Tafel sitzen, wo die Serviette mit seinem eingestickten Namen lag. Wir waren meist um die dreißig bis fünfunddreißig Gäste. Dann wurde Fleisch gegrillt, meistens Schwein, als Beilagen gab es Tomatensalat, Reis und Yucca – so wie hier in Deutschland die Kartoffel. Natürlich alles selbst gemacht. Während die Frauen in der Küche oder beim Auf- und Abdecken halfen, tollten wir Kinder im Garten, und die Männer spielten Zigarre rauchend Domino. Noch heute ist deshalb für mich das ultimative Heimatgefühl, mit meinem Papa Domino zu spielen. So wie in meiner Heimat Kuba. Nach der sogenannten Kuchenstunde wurde getanzt, danach erzählten die Frauen den Kindern beim Stricken Geschichten. Neun Uhr abends ging es wieder nach Hause. Es war immer ein großes Fest, eine wunderschöne Tradition.

Wenn ich heute in Deutschland in eine Bäckerei gehe und mir der Duft von frisch gebackenem Brot und Kuchen in die Nase steigt, denke ich sofort an meine Oma Juana und ihre Panetelas, Küchlein. Sie hat so gern gebacken, vor allem für uns Kinder. Zum Kuchen gab es Tee, in den sie Zimtstangen tunkte, sie meinte, das würde uns beruhigen. Immer wenn ich Zimt rieche, schlägt mein Herz höher. Weil es mich an Heimat, an Oma erinnert. Wir haben nicht wenig gehabt, auch wenn das die meisten glauben. Wir haben immer genau das gehabt, was ein Mensch braucht. Und wir waren damit glücklich. Dadurch lernten wir im Kuba der Achtzigerjahre zu überleben. Wenn der Strom abgeschaltet war, zündeten wir eben eine Kerze an. Man war happy, wenn man eine glückliche Familie, eine gute Ausbildung und medizinische Versorgung hatte. Und wenn wir Kinder bis Mitternacht auf der Straße spielen konnten und sich unsere Eltern keine Sorgen machen mussten, dass uns etwas passiert. Das war Luxus. Wir hatten keine zwanzig bis vierzig Sorten Schinken oder Käse oder vierzig Sorten Joghurt und Eiscreme. Dafür war bei uns immer alles von meiner Mama Cuca selbst gemacht. Damals wusste ich das nicht zu schätzen. Wenn mir als Kind jemand eingepackte Butter aus dem Supermarkt mitgebracht hätte, hätte ich das ganz sicher lieber

Immer wenn ich Zimt rieche, schlägt mein Herz höher. Weil es mich an Heimat erinnert

gegessen als die selbstgemachte von meiner Mutter. Ich sehe sie noch mit ihrer Hochsteckfrisur in ihrem fliederfarbenen Kleid vor mir. Sie war sehr feminin, sehr schick, auf den Punkt. Sie lachte viel, sie besaß eine sehr warme Aura und wurde im Dorf von jedem geliebt. Und meine Mama war der Anker für die Familie – so wie ich es jetzt bin. Ich kümmere mich um meine gesamte Familie, ich versorge meinen Vater, meine Schwester, meine Tanten, meine Cousinen und meine Nichten und Neffen. Komplett. Ich kann mir nicht einfach mal so ein Paar Louboutins kaufen, wenn ich weiß, dass meine Tante auf Kuba davon ein ganzes Jahr essen kann. Das gibt mir dann schon zu denken, weil ich Verantwortung trage. Auf Kuba gibt es einen großen Familiensinn und Familienzusammenhalt.

Ich kann mir nicht einfach mal so ein Paar Louboutins kaufen, wenn ich weiß, dass meine Tante auf Kuba davon ein ganzes Jahr essen kann

Das Wichtigste ist, dass du weißt, wer du bist, und dass deine Freunde und deine Familie dich zu schätzen wissen. Egal, was die anderen sagen. Du kannst nicht der ganzen Welt gefallen. »Die Welt ist so groß, du wirst deine Gruppe finden. Aber du musst in Bewegung bleiben!«, gab mir Oma Juana mit auf den Weg. Genauso: »Wenn du es schaffst, dass die Leute, die du liebst, dich so sehr lieben wie du sie, kann dir im Leben nichts mehr passieren.« Frei, frei, frei – dieses Gefühl habe ich das erste Mal auf meiner ersten Reise mit meinem Freund nach Kuba gespürt. Das war 1998. Ich hatte bis dahin weder mit meiner Mutter noch mit meinem Vater jemals über meine Sexualität gesprochen. Es war das erste Mal seit fast neun Jahren, dass ich nach Hause zurückkehren konnte. Denn Fidel Castro hatte 1990 nach dem Fall des Eisernen Vorhangs alle kubanischen Studenten zurück nach Kuba geholt, weshalb ich damals untergetaucht war. Der Preis war hoch: Ich durfte nicht mehr einreisen und meine Familie nicht mehr sehen. Umso größer war die Vorfreude, als ich mit meinem Partner zu meiner Familie fliegen konnte. Ich hatte ihn vorgewarnt, dass meine Eltern beide sehr konservativ seien und er einen Anzug tragen müsse. Weil er mir glaubte und korrekt sein wollte, trug er einen schicken Zweiteiler – als wir bei vierzig Grad und gefühlt 200 Prozent Luftfeuchtigkeit in Havanna ankamen. Dass ich ihn veräppelt hatte, wurde ihm spätestens in dem Moment bewusst, als mein Papa ihn in Flip Flops und Shorts und mit den Worten »Du hast mir nicht gesagt, dass dein Freund Anwalt ist!?« begrüßte. Es war der glücklichste Moment meines Lebens, als ich sah, wie mein Vater meinen Freund zur Begrüßung umarmte und auf die Wangen küsste. Meine Traumvorstellung von dieser Begegnung wurde noch übertroffen. Das ist das Schönste: wenn du so, wie du bist, in deiner Familie akzeptiert, toleriert und geliebt wirst – und dein Liebster auch.

Ich habe zwei Heimaten: die, in der ich aufgewachsen bin, in der meine Wurzeln und meine Familie sind, aus der meine Traditionen stammen. Wenn ich das Meer rieche, denke ich an Kuba. Wenn ich Menschen ganz laut lachen höre, denke ich an Kuba. Wenn ich Jüngere und Ältere fröhlich miteinander tanzen oder sprechen sehe, ohne dass es einen Unterschied zwischen den Generationen gibt, denke ich an Kuba. Das verbinde ich mit meiner Herkunftsheimat. Und dann habe ich in Deutschland, in Hamburg, meine zweite Heimat gefunden. Inzwischen vermisse ich Hamburg schon, wenn ich zwei Wochen in Kuba bin. Zum Glück, denn ich kenne viele Auswanderer, die sich immer danach sehnen zurückzukehren. Die immer jammern und vergleichen. Ich bin nicht mehr sehnsüchtig. Ich komme aus der dritten Welt, aber jetzt ist Hamburg mein zweites Zuhause. Früher habe ich mich gefragt: Wieso gehen die Leute im Regen an der Alster spazieren? Jetzt mache ich das genauso, weil ich gelernt habe, das zu genießen. Von meinem Vater Gudelio. Die Luft ist einmalig, egal wie oft es im Norden auch regnen mag oder bewölkt ist. Ich nenne das graue Schietwetter in Hamburg »Silber-Wetter«. Das ist eine Selbstmotivation, dann funktioniert dein Kopf ganz anders. Natürlich hat das etwas damit zu

Das Wichtigste ist, dass du weißt, wer du bist, und dass deine Freunde und deine Familie dich zu schätzen wissen

tun, wie ich groß geworden bin – mit meiner Umgebung und meiner Familie. In Kuba scheint das ganze Jahr die Sonne, du hast das Meer vor der Tür, du spürst die Lebensfreude der Menschen – du hast gefühlt immer Happiness, von 365 Tagen bist du vielleicht höchstens zwei nicht gut drauf. Dort habe ich so viel positive Energie getankt, dass es mir bis zu meinem hundertsten Lebensjahr reicht.

Das Interview war schon lange im Kasten, aber es dauerte noch vier weitere Monate, bevor das Shooting von Jorge und seinem Papa aus Kuba genau terminiert werden konnte. Einen Tag vor Gudelios 97. Geburtstag fand die Foto-Session in Hamburg statt

Alexandra Kamp

SCHAUSPIELERIN

»Ich bin ein Schwarzwaldmädel, aber mein Herz schlägt Französisch

Ich kenne nur Fernweh, Heimweh ist mir fremd. Das Einzige, was mich regelmäßig nach Baden-Baden zurückbringt, ist meine Mama. Würde sie nicht mehr dort, sondern in einer anderen Stadt oder sogar in einem anderen Land leben, würde ich wahrscheinlich nur noch ein- bis zweimal im Jahr in meine Heimatstadt reisen. Wenn überhaupt. Ich habe dort zwar meine Kindheit und Jugend verbracht, aber Baden-Baden war lange kein Sehnsuchtsort für mich. Das sind vielmehr die Berge und das Meer: Dort kann ich frei durchatmen, dort habe ich endlos freie Sicht – Heimat ist für mich dort, wo ich mich frei fühle. In Baden-Baden ist es natürlich wunderschön, aber es kommt vor, dass ich innerhalb kürzester Zeit das Gefühl habe, etwas schnüre mir den Hals zu. Weil ich hier schnell diesen einen Satz höre: »Awa, des hann i scho imma so gmacht!« Der hat mich schon zu meinen Schulzeiten auf dem Richard-Wagner-Gymnasium sehr wütend gemacht – denn dieser eine Satz sagt all das aus, was ich schon immer verabscheut habe: Engstirnigkeit und Verbohrtheit.

Baden-Baden war nie eine Stadt, die für schnelle Entscheidungen stand. Ob es um den Bau eines Museums ging oder um eine Rollerblade-Strecke für Jugendliche. Für viele macht genau das den Charme der Stadt aus, ich hatte damit meine Probleme. Also denke ich bei meiner Heimatstadt als Allererstes an den Bahnhof: weil ich von dort wieder wegfahren kann – in die weite Welt. So wie früher, als ich schon mit siebzehn Jahren in vier Stunden mit dem Zug nach Paris zu meinen ersten Fotojobs als Model gereist bin. Dadurch wusste ich schnell: Da draußen ist mehr, da weht ein anderer Wind – beim Verreisen und In-anderen-Städten-Leben kam schon dieses Gefühl von Durchatmen-Können durch. Nach dem Abitur ging ich mit neunzehn Jahren für ein Jahr nach New York an das Stella Adler Studio of Acting, spielte danach ein Jahr in Bern Theater und zog mit 22 nach Paris. Frankreich war mir schon immer sehr nah, dadurch, dass ich schon als Kind oft mit meiner Familie in Südfrankreich lange Sommer und die Feiertage verbracht habe. In Saint Tropez besaß mein Onkel aus Frankfurt den Nachtclub »L'Esquinade«, ähnlich wie das legendäre »Studio 54« in New York. Bei ihm feierten schon Stars wie Mick Jagger oder Jack Nicholson illustre Partys. Wenn ich französische Musik von Françoise Hardy, Serge Gainsbourg oder Les Rita Mitsouko höre, also nicht nur zwingend Chansons, fühle ich mich wohl und gerate gleichzeitig ins Träumen. Das habe ich schon als Mädchen mit Anfang zwanzig aufgesogen und verinnerlicht. Die Melodie der Sprache, gesungen und gesprochen, ist einfach bezaubernd. Ich habe es geliebt, in Paris zu leben. Die Stadt der Liebe, in der ich so verliebt war. Natürlich bin ich ein Schwarzwaldmädel und spreche auch meinen Heimatdialekt, aber

Gefühlt bin ich eine kleine Nomadin

mein Herz schlägt für Frankreich. Ich war gefühlt immer mehr Französin als Badenerin. Vielleicht duftet und schmeckt Heimat für mich daher eher nach einem warmen Pain au chocolat statt nach einer sahnigen Schwarzwälder Kirschtorte.

Bei aller Affinität zu Frankreich bekam ich nach meiner unvergesslichen Zeit in Paris ein anderes Verständnis für die wundervolle Schönheit der Natur in Baden-Baden: Weil es eine der ersten Städte in Deutschland ist, in der die Krokusse sprießen und die Magnolienbäume blühen. Als Mädchen wusste ich es gar nicht zu schätzen, welchen Luxus es bedeutet, auf meinem Schulweg jeden Tag durch die Lichtentaler Allee spazieren gehen zu dürfen. Genau wie meine Liebe zur Natur kommt sicherlich auch meine Liebe zum Essen von zu Hause. Mein Vater Peter Kamp führte das Restaurant »La Provence«, in dem es vor allem südfranzösische Gerichte gab, Spaghetti Piri Piri hatte er auf einer seiner vielen Reisen entdeckt und auf die Karte gesetzt. Damals kannte man das noch nicht in Baden-Baden – mein Vater war immer schon ein Vorreiter und ein Mann mit Visionen. Papa war ähnlich umtriebig wie ich, durch seine Reisen in alle Welt holte er sich von überall Inspirationen.

Nach der Trennung meiner Eltern, damals war ich zehn Jahre alt, heiratete er noch einmal und bekam vier weitere Kinder. Meine Schwester Patricia, mein Bruder Dominik und meine Zwillingsbrüder Robin und Nicki wuchsen genau wie ich im Schwarzwald auf. Zu allen Vieren habe ich ein enges Verhältnis und verbringe gern Zeit mit ihnen. Ich trommele heute, ähnlich wie mein Vater, gerne und spontan viele Lieblingsmenschen zusammen und koche für sie am Abend. Das endet meist in meiner Küche: Wir essen dann nachts die Reste aus den Töpfen und erzählen uns alte Geschichten. Seit zwölf Jahren ist mein Vater inzwischen schon tot, aber seine Essenstraditionen leben weiter. Wenn ich erfahre, dass sein ehemaliger Koch jetzt in Baden-Baden im »Le Bistro« noch die Original-Fondue-Soßen nach der Rezeptur meines Vaters anbietet, erfüllt mich das mit Stolz und Freude.

Genauso wenn ich länger in Hamburg bin: Weil sich meine Eltern dort im Schauspiel-Studio Frese kennenlernten. Ich empfinde ein starkes Gefühl von Zugehörigkeit, wenn ich mit diesem Wissen in mir durch die Gassen am Fleet oder über den Isemarkt schlendere oder an den Hamburger Kammerspielen gastiere. Dann fühle ich mich heimisch. Vielleicht auch ein kleines bisschen, weil es dort so viele Straßennamen mit Kamp gibt: Peterskampweg, Valentinskamp, Mühlenkamp, Schäferkampsallee oder Kleekamp. So stricke ich mir auf meinen Reisen kleine Wohlfühl-Heimat-Geschichten. Denn andere Städte in Deutschland können mir auch ein Heimatgefühl geben – man muss sie sich nur erobern. Wenn ich als Schauspielerin mit den SWR3 Live Lyrix unterwegs bin, weiß ich im Nu, wo es den besten Mittagstisch, die beste Grie Soß – also Frankfurter Grüne Soße – oder den schönsten Wochenmarkt gibt. Ich liebe das Unterwegssein, das wird sicherlich immer so bleiben. Gefühlt bin ich eine kleine Nomadin. Ich reise teilweise mit eigener Matratze, eigenem Kochgeschirr und eigenen Messern in eine neue Stadt, um es mir für die Zeit dort in meiner Theaterwohnung heimelig zu machen. Dazu gehört auch das Selber-Kochen, oft bereite ich mir nach der Vorstellung mitten in der Nacht noch etwas zu. Deshalb wohne ich nicht gern längere Zeit im Hotel.

Mein Opa schrieb »Ich hab so Heimweh nach dem Kurfürstendamm«

Ich habe noch einen Koffer in Berlin, genau genommen eine ganze Wohnung. Ich liebe Berlin, es ist mein Zuhause. Weil ich zu dieser Stadt eine ganz besondere Bindung habe: Meine Großeltern Bobby Kamp und Vera Carsten-Kamp waren eines der letzten Hochzeitspaare, das in der Gedächtniskirche getraut wurde, bevor dort 1943 die Bomben einschlugen. Und mein Opa schrieb das bekannte Berlin-Chanson »Ich hab so Heimweh nach dem Kurfürstendamm«. Dieses Lied begleitet mich schon seit Kindertagen. Vielleicht ist deshalb auch Berlin ein Sehnsuchtsort für mich.

Diese Frau ist immer auf Tour(en): ob mit den SWR3 Live Lyrix oder dem Zwei-Mann-Stück »Gut gegen Nordwind«: In den wenigen Verschnaufpausen kocht Alexandra Kamp für Freunde in Berlin oder lässt sich von ihrer Mama in Baden-Baden verwöhnen

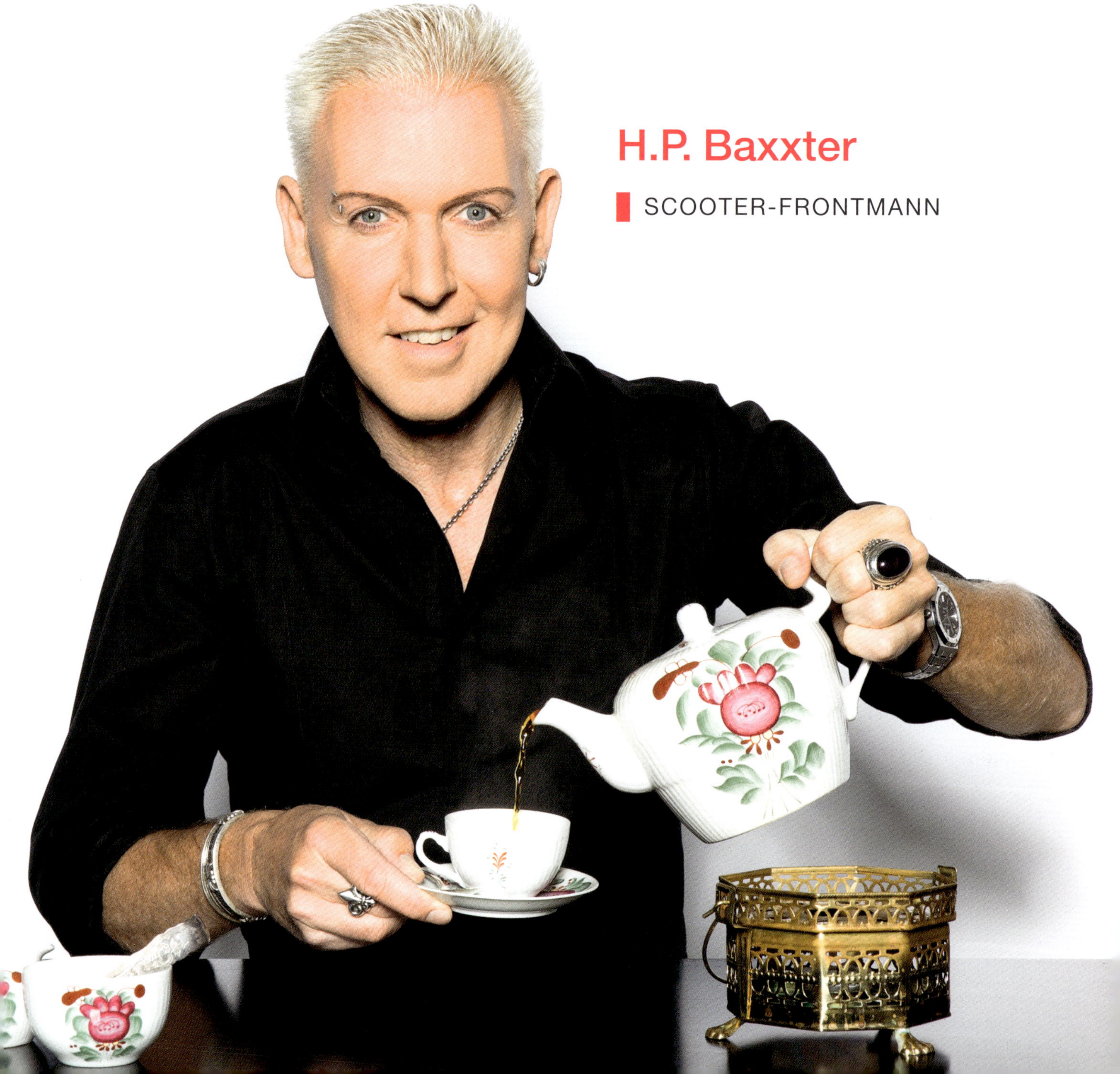

H.P. Baxxter

SCOOTER-FRONTMANN

»Teetrinken gehört zu Ostfriesland und mir wie ›Hyper Hyper‹ zu Scooter

Es gibt einen alten ostfriesischen Spruch: »Man sieht samstags schon, wer sonntags zu Besuch kommt.« Und das ist wirklich so – nirgendwo sonst in Deutschland kann man so endlos in die Weite blicken wie in meiner Heimat. Diese Landschaft ist für mich einzigartig: Der Himmel wirkt viel mächtiger, man hat einen ganz anderen Horizont. Wenn ein Unwetter im Anmarsch ist, ist es schon fast mystisch, weil man besondere Wolkenformationen beobachten kann. Das habe ich schon in meiner Jugend genossen: im Auto ziellos über die Straßen zu brettern und dazu laut Pink Floyd oder Led Zeppelin zu hören – das war für mich der Soundtrack zur Landschaft meiner Heimat. So schön die Berge auch sind, könnte ich mir nie vorstellen, langfristig dort zu leben. Weil Gebirge mir die Sicht nehmen, ich würde mich auf Dauer eingeengt fühlen. Ich brauche die Weite. Als ich mal in Kalifornien einen Roadtrip durch die Wüste gemacht habe, hatte ich ein ähnliches Gefühl von Freiheit.

Noch heute, wenn ich meine Mutter Ellen in Leer besuche, machen wir in meinem Oldtimer Ausflüge zusammen – am Dollart vorbei durch die wunderschöne Natur in Richtung holländische Grenze. Mein Heimatort war mal ein wichtiger Hafen, bevor Emden ihm den Rang abgelaufen hat. Damals wurde per Schiff mit den Kolonialwaren gehandelt, und dadurch ist der Tee sehr früh in diese Region gekommen. Das Teetrinken gehört zu Ostfriesland und mir wie »Hyper Hyper« zu Scooter. Ich trinke zu jeder Tages- und Nachtzeit Tee: morgens zum Frühstück, nach dem Mittagessen, nachmittags, zum Abendbrot und manchmal auch noch vor dem Schlafengehen. Es ist für mich ein Ritual, das ich tatsächlich verinnerlicht habe. In Frankreich trinkt man mittags Rotwein, Tee ist Teil meiner Kultur. Gut, bei uns wird dann auch mal ein Schnaps reingemischt – der Spruch »Einen im Tee haben« kommt ja nicht von ungefähr.

Mit sechzehn fuhr ich mit dem Fahrrad von Leer nach London

Dass man sich zum Teetrinken trifft, war für mich als Ostfriese völlig normal. Mir wurde erst bewusst, dass das nicht bei jedem gängig ist, als ich nach dem Abi nach Hannover zog. Dort machte das niemand, also führte ich die Tradition erst mal ein, und meine neu gewonnenen Freunde trafen sich bei mir zum »Tee-Meeting«, wie ich es als Teenager nannte. Wer aber einmal in Ostfriesland Tee genossen hat, wird den Qualitätsunterschied zu anderen Teilen Deutschlands merken: Denn nirgendwo sonst ist das Wasser so weich und schmeckt deshalb so gut wie in meiner Heimat. Es soll tatsächlich Leute gegeben haben, die weggezogen sind und das Wasser in Kanistern mitgenommen haben. Ganz so weit ging es dann bei mir nicht. Aber in meinem Zuhause in Hamburg kommt nur ein Ostfriesentee ins Sieb: »Bünting Privat«, eine sehr hochwertige Mischung, die das eher kalkhaltige Wasser kompensiert.

So weit der Horizont der Natur, so beschränkt ist er allerdings oftmals bei den Mitmenschen. Das hat aber nichts mit Ostfriesland speziell zu tun, das ist im Allgemeinen in allen ländlichen Regionen gleich, denke ich. Wenn du als Teenager sagst, dass du eines Tages Popstar werden möchtest, wirst du schräg angeguckt. Schon heißt es, man sei verrückt oder abgehoben. Weil die meisten das für unmöglich halten, sich nicht mal im Entferntesten vorstellen können. Man muss möglichst in die Normen passen, sonst bist du ein Außenseiter. Ich wusste daher schon recht früh, dass ich woanders leben wollte, weil es mir auf dem Land zu engstirnig war. Jemand, der wie ich etwas anderes im Sinn hatte, fühlt sich dort auf Dauer nicht wohl. Und deshalb kommen die Andersdenkenden aus provinziellen Regionen wohl in Metropolen zusammen – das ist wie ein Schmelztiegel. Ich habe festgestellt, dass die Verrückten oft gar nicht die gebürtigen Hamburger oder Berliner sind, sondern all die, die von weiter draußen in die Stadt gezogen sind.

Es war mir auf dem Land zu engstirnig

Ich hab im Nordosten von Hamburg, nah an der Grenze zu Schleswig-Holstein, mein Zuhause gefunden. Ich glaube, dass es sehr wichtig ist, da einen Ruhepol zu haben, wo man lebt. Meine Villa ist komplett im englischen Stil eingerichtet, in meiner Garage stehen ausschließlich englische Oldtimer, darunter ein Rolls Royce und zwei Jaguar. Ich habe ein absolutes England-Faible, was ich bis heute bis zum Ultimo durchziehe. Das hat ganz sicher etwas mit meiner Jugend zu tun. Schon als Junge bewunderte ich in den Siebzigerjahren die englischen Glam-Rock-Bands. T.Rex beeinflussten und prägten mich wegen ihrer Musik und Outfits – dieses Anderssein faszinierte mich. Mit sechzehn fuhr ich mit meinem Kumpel Andreas mit dem Fahrrad von Leer nach London: Auf der Emsland-Radstrecke ging's erst nach Holland, von dort mit der Nachtfähre auf die Insel. Von Harwich radelten wir dann über Chelmsford weiter, aber vor den Toren Londons stiegen wir lieber in einen Zug um, weil wir uns irgendwie nicht trauten, in dem Wirrwarr der hektischen Straßen in der City zu radeln. Da guckten uns echt alle an, als wären wir vom anderen Stern – weil wir die Einzigen auf Bikes waren, dazu auf Hollandrädern! Ein unvergessliches Erlebnis, ein Abenteuer – es war ja damals eine komplett andere Welt. Natürlich konnten wir mit dem Taschengeld nicht haushalten, weil wir alles in coolen Platten- und Klamottenläden oder bei McDonald's ließen. Nach nur zwei Tagen war ich schon pleite, eine ec- oder Kreditkarte hatte ich als Teenager natürlich noch nicht. Aber ich hatte mein Postsparbuch mit. Darauf musste meine Mutter dann über die Botschaft Geld anweisen. Sie war natürlich fuchsteufelswild, weil unser Budget eigentlich für eine ganze Woche reichen sollte. Heutzutage ist es ja ganz normal, dass Kids nach der Schule direkt einen Auslandsaufenthalt machen, in meinem Abiturjahrgang gab es vielleicht zwei oder drei. Ich hatte meinen UK-Trip natürlich meinen Eltern zu verdanken.

Ich glaube, dass es sehr wichtig ist, da einen Ruhepol zu haben, wo man lebt

Meine Mutter war Verkäuferin für Damenbekleidung im Modehaus Leffers in Leer, mein Vater Gerhard hatte eine kleine Firma für Heizungsbau und Installation. Er war mit Leib und Seele Handwerker, das war seine Welt. Rückblickend betrachtet frage ich mich, wie er das alles nur geschafft hat: dass er als Dialyse-Patient trotzdem seinen eigenen Betrieb meisterte – mit Gesellen und Lehrlingen und dazu auf den Baustellen. Wir haben das damals gar nicht richtig wahrgenommen. Meine Mutter wäre eigentlich lieber Lehrerin geworden, aber als Jugendliche verweigerte sie sich der Schule, also musste sie eine Lehre machen. Ich hatte auch diese Null-Bock-Phase, aber vor allem mein Vater hat mich sozusagen gepeitscht, das Gymnasium zu Ende zu bringen und eine solide Ausbildung zu machen. Zum Glück, denn das kam mir dann zugute. Im Nachhinein macht alles Sinn, man versteht das Leben eben erst rückwärts. Ich hätte damals schon am liebsten nur Musik gemacht. Aber ohne die Lehrstelle bei Edel Records hätten sich für mich entscheidende Sachen gar nicht ergeben – ich wäre heute vielleicht nicht bei Scooter.

Deshalb bin ich meinem Vater bis heute sehr dankbar dafür. Leider hat er meinen Erfolg nicht mehr miterlebt, er starb schon 1991. Er war typisch ostfriesisch: grundehrlich und auch immer etwas skeptisch, mit einem guten Bauchgefühl. Ostfriesen mögen es nicht, wenn man übertreibt, also auf dicke Hose macht. Die haben ein Gespür dafür, was echt ist. Ich kann es auch nicht leiden, wenn mir jemand etwas vorgaukelt – es muss authentisch sein. Wir beobachten erst mal ganz genau, aber wenn wir dann jemanden akzeptieren, schließen wir ihn auch richtig ins Herz. Wir sind immer ein bisschen vorsichtiger als etwa Rheinländer. Die empfangen einen mit offenen Armen, aber am nächsten Tag erkennen sie einen schon nicht mehr – so ist das Klischee. Bei Ostfriesen ist es umgekehrt: Wenn du den Zugang gefunden hast, sind sie dir treu.

Die Autorin und H.P. kennen sich seit circa fünfzehn Jahren. Auf einem Fest von Vicky Leandros' Ex-Mann Enno von Ruffin auf Gut Basthorst sagte der Techno-Musiker H.P. für »HEIMAT« zu – und kam trotz gebrochener Schulter zum Shooting gefahren! Im Rolls Royce …

Fetsum Sebhat

SÄNGER & AUSGEZEICHNETER
SOCIAL ENTREPRENEUR

»Heimat ist dort, wo ich l(i)ebe

Meine Mutter Almaz war noch ein Kind, als sie in Eritrea für die Freiheit ihres Heimatlandes kämpfte. Mit der Kalaschnikow in der Hand. Sie kam als sechzehnjährige Kriegsverletzte nach Kairo, in einer Nacht- und Nebelaktion wurde sie über den Sudan nach Ägypten gebracht. Weil ihr durch die Explosion einer Handgranate beide Trommelfelle geplatzt und an den Ohren Risse entstanden waren. Als meine Mutter operiert wurde, war sie schon im dritten Monat schwanger mit mir. Nach dem ärztlichen Eingriff blieb sie ein Jahr taub. Aufgrund der Umstände passten schon seit meiner Geburt viele verschiedene Frauen auf mich auf, weshalb es hieß: »Fetsum, du hast nicht nur eine Mutter, du hast mehrere Mütter.« Eine von ihnen war meine Tante Zewdi, die ebenfalls in Eritrea gekämpft hatte und die das erste Jahr meines Lebens immer für mich da war. Sie war es auch, die meine Mutter davon abhielt, wieder in den Krieg zu ziehen. Obwohl sie ein Kind hatte, obwohl sie bereits schwer verletzt worden war, war sie wie besessen von dem Revolutionsgedanken.

Ich glaube grundsätzlich, dass Krieg falsch ist, kann aber nicht beurteilen, unter welchen Umständen meine Eltern damals in Eritrea leben mussten. Mein Vater Sebhat Tecle kämpfte weiter im Unabhängigkeitskrieg, während meine Mutter 1978 mit mir von Ägypten nach Italien, zu ihrer ältesten Schwester, weiterzog. In dieser schwierigen Phase unseres Lebens trat ein besonderer Mensch in unser Leben: Marco, ein Riesenkerl von 1 Meter 97 und 110 Kilo. Ein Neuropsychiater für Kinder und Jugendliche, der mit gerade mal 28 Jahren die Verantwortung für meine Mutter und mich übernahm und uns bei sich und seiner Familie aufnahm. Dadurch, dass ich meinen leiblichen Vater aus Eritrea noch nicht kannte, wurde Marco meine Identifikationsfigur – er war für mich wie mein Vater, ich nannte ihn auch Papa. Er war ein Mensch, an dem sich Leute festhalten konnten. Wenn ich an Marco denke, denke ich an Wärme und Liebe. Bei ihm habe ich mich so wohlgefühlt, ich habe ihm absolut vertraut, er war immer für uns da.

Auch noch während all der Jahre, in denen meine Mutter und ich schon längst nicht mehr in Italien lebten, sondern mit Marcos finanzieller Hilfe nach Stuttgart gezogen waren. Zu meiner Tante Zewdi. Sie ist gefühlt wie eine Schwester für meine Mutter. Im Eritreischen nennt man nicht nur Verwandte Tante und Onkel, sondern auch die Menschen, die diese Position in deinem Leben ausfüllen, weil sie seit Tag eins Freunde der Familie sind. Wir zogen nach Deutschland, als ich viereinhalb Jahre alt war. Natürlich war das Schwabenland, wo wir die ersten anderthalb Jahre in einem Mutter-Kind-Wohnheim untergebracht waren, ganz anders als Italien. Aber was ist für Kinder das Wichtigste? Dass sie in einem Umfeld aus Liebe und Vertrauen groß werden und Spielkameraden haben. Von denen lernte ich in der Kita langsam Deutsch, denn bis dahin konnte ich ja nur Italienisch. Meine Mama sprach selbst nur Englisch, weil sie die ersten sieben Jahre Vollzeit in einer amerikanischen Kaserne gearbeitet hatte. Mit mir redete sie immer Tigrynia, die Amtssprache Eritreas, aber ich antwortete trotzdem weiter auf Italienisch. Ich behielt nach wie vor einen engen Bezug zu Marco und

Die meisten meiner Werte sind deutsch geprägt

Italien, weil er uns mit seiner italienischen Familie noch oft besuchen kam. Als er mit gerade mal 41 an einem Herzinfarkt starb, damals war ich zwölf Jahre alt, brach für mich eine Welt zusammen. Weil er für mich mein Vater war. Mit Sebhat fand ich erst im erwachsenen Alter durch meine Besuche in Eritrea zueinander, weil es zwischen meinen Eltern relativ schnell auseinandergegangen war.

Ich sprach früh viele Sprachen, aber ich brauchte lange, um meine eigene zu finden – also meine Seelensprache. Es ging immer um die Identitätsfrage: Woran spiegele ich mich, woran bilde ich mich, wo wurzele ich mich fest? Heimat war für mich lange nur eine Worthülse, ich habe nie verstanden, was es bedeuten soll. Und dann sind wir 1992 – damals war ich fünfzehn Jahre alt – das erste Mal nach Eritrea, in die Heimat meiner Eltern, gereist. Ich kannte diesen Ort nicht, weil dort noch bis 1991 zwischen Eritrea und Äthiopien Krieg herrschte. Ich lernte meine Großeltern, Großtanten und Großonkel, Cousinen und Cousins kennen. Das erste Mal begann sich diese Hülse zu füllen, und ich fing an zu verstehen, dass wir als Menschen irgendwo in irgendwas verwurzelt sind. Ich sage ganz bewusst in irgendwas. Bis heute glaube ich nicht an Ländergrenzen, an Länder als Basis für eine eigene Identifikation. Vielmehr dass Heimat immer mit Menschen zu tun hat. Heimat ist also da, wo ich liebe, egal wo auf dieser Welt.

Woran spiegele ich mich, woran bilde ich mich, wo wurzele ich mich fest?

Ich liebe Deutschland für das, was es ist. Es ist mein Zuhause, der Ort, an dem ich sein darf, aufgewachsen bin und wo ich wirke. Es gibt keine Sprache, die ich besser spreche als Deutsch. Ich bin komplett in diesem sozialen System gereift – vom Pflänzchen bis zum Baum. Es stellt sich nicht die Frage, warum ich Deutschland mag. Aber ich kann sagen, warum es manchmal nicht so leicht war: Es fing mit den Äußerlichkeiten an und ging bis zu dem Punkt, dass es für manche Menschen in meinem Umfeld nicht leicht war zu akzeptieren, dass ich hier lebe. Wir wollen alle für das, was wir sind, wahrgenommen werden. Niemand will sich für seine Art des Aussehens erklären müssen, jeder will sich frei bewegen können. Die gleichen Chancen haben wie jeder andere auch, gleich angesprochen werden wie alle anderen auch. Ich kam als Kleinkind nach Deutschland, in den Achtzigern waren wir, gefühlt, die ersten Afrikanischstämmigen, die ersten Dunkelhäutigen. Ich sage extra nicht Afrikaner, denn Afrika ist ja kein Land. Es gibt etwa einen großen Unterschied zwischen Äthiopien und Nigeria – das ist genauso, als würde man Italien und Schweden vergleichen. Wir mussten in Deutschland ein neues Zuhause finden. Und das ist nie einfach, egal wo, es kann auch für Franzosen in Schweden nicht einfach sein. Aber am Ende ist es so, dass man sich entscheiden muss: Mache ich das zu meinem Zuhause oder ist es hier nur ein Zwischenstopp auf meiner Reise? Will ich eigentlich wieder zurück? In meinem Fall wäre die Frage: zurück wohin?

Als mein Vater an einem Herzinfarkt starb, brach für mich eine Welt zusammen

Ich verspürte genau deshalb sehr lange eine innere Unruhe und Rastlosigkeit. Wenn ich in Eritrea bin, ist es das Land, aus dem meine Eltern stammen und in dem ein Großteil meiner Familie lebt. Das ist wundervoll, aber vieles ist dort, was für mich als selbstverständlich gilt, eben nicht selbstverständlich. Dort herrscht eine ganz andere politische und gesellschaftliche Situation. In Italien dasselbe. Ich liebe dieses Land, da gibt es Menschen, die mich »adoptiert« haben – es ist unglaublich, wen ich dort heute zu meiner Familie zählen kann. Aber: Es ist nicht meine Heimat. Und Deutschland ist das Land, in dem ich wirklich mit Gewissheit sagen kann: Hier wurde ich am längsten und tiefgreifendsten sozialisiert. Die meisten meiner Werte sind vor allem deutsch geprägt: Ordnung, Zuverlässigkeit, Verantwortungsbewusstsein. Aufgrund meines Charakters scheitere ich vielleicht hin und wieder daran, weil ich einfach manchmal lockerer bin. Da kommt vielleicht das Italienische durch – oder nennen wir es das Fetsumsche.

Es wird auf jeden Fall noch Zeit vergehen müssen, bis es selbstverständlich ist, dass ich mich zum Beispiel in Cottbus genauso unauffällig bewegen kann wie jemand, der »typisch deutsch« aussieht. Ich wurde mit keiner Opfermentalität erzogen, aber natürlich bemerke ich, ob ich in einer Situation willkommen bin oder nicht. Aber irgendwann muss man sich im Leben entscheiden: Will ich in Liebe vorwärtsschreiten, auch gegenüber Leuten, die vielleicht anders denken als ich? Selbst wenn es eine große Herausforderung ist? Oder sage ich beim Ersten, der mich doof anmacht und deutsch ist: »Oh, die Deutschen sind so asi!«? Genauso wie es andere machen, weil sie eine schlechte Erfahrung mit einem Ausländer hatten? Es ist ein sehr menschlicher Charakterzug, alles zu verallgemeinern, aber es ist auch eine menschliche Schwäche, nicht zu differenzieren.

Immer dann, wenn mich Sachen wie diese beschäftigen, die meine Gedanken ins Negative verkehren und mich übermannen können, bete ich. Ich beginne so meinen Tag und bringe ihn auch so zu Ende. Durch mein Gebet fange ich falsche Gedanken auf und kläre Dinge für mich – was mich frei macht. Inzwischen lebe ich seit zwölf Jahren in Berlin. In Spandau wurde vor acht Jahren mein Sohn Nathan geboren. Er würde nicht eine Sekunde zögern mit seiner Antwort. »Ich bin Deutscher, Papa«, sagt er ganz klar. Und das, obwohl sein Vater und seine Mutter beide eritreische Wurzeln haben.

Seit zwölf Jahren lebt der Soul-Sänger in Berlin, in der Hauptstadt organisierte der Echo-Gewinner 2018 zum dritten Mal das »PxP Festival«, Europas größtes Benefiz-Konzert für Kinder in Not. In seinem Büro fotografierten wir Barbara Becker

Dorothee Bär

POLITIKERIN,
ERSTE STAATSMINISTERIN
FÜR DIGITALISIERUNG

»Ich bin ein Dorfkind und habe in eine Jägerfamilie eingeheiratet

Als ich nach unserem Kennenlernen das erste Mal bei meinem Mann Oliver zu Hause auf dem Bauernhof seiner Eltern war, verstand ich nicht wirklich jedes Wort zwischen meinen heutigen Schwiegereltern. Ich nickte dennoch höflich, aber mein Mann durchschaute das natürlich sofort. Er kommt aus Oberfranken, ich aus Unterfranken, bei ihm fühle ich mich verstanden. Aber die Dialekte unterscheiden sich, was einem Nichtfranken sicherlich nur schwer zu erklären sein dürfte. Mehr noch als in sprachlicher Hinsicht unterscheiden sich unsere Genussregionen in einem anderen Punkt: In meiner Region wird sehr viel Wein angebaut, von Sommer bis Herbst finden dort unglaublich viele Weinfeste statt. Direkt am wunderschönen Main oder in den Höfen. Es gibt die sogenannten Heckenwirtschaften, die immer nur zu ganz bestimmten Monaten im Jahr geöffnet haben. Meistens von Familien geführt, die in ihren Wohnzimmern oder Scheunen eine kleine Karte mit Hauswein oder im Herbst Federweißen und Zwiebelplootz anbieten. Das ist eine ganz bestimmte Art zu leben, das kenne ich seit meiner Jugend als Mädchen vom Dorf. Mein Mann kommt hingegen aus Hof, wo er seit fünf Jahren Landrat ist – und das ist eine Bierregion. Was aber beide Regionen und Familien eint: Wir essen sehr gern und gut. Heimat ist bei mir immer mit gutem Essen verbunden. Ein Sonntag ohne Klöße ist für meinen Mann ein verschenkter Sonntag! Nicht zu vergessen die fränkische Brotzeit – üppige Fleisch- und Wurstteller gehören einfach dazu. Während man sich in Berlin inzwischen fast entschuldigen muss, dass man Fleisch isst, wird man bei uns im Zweifel bemitleidet, sollte man sich als Vegetarier outen.

Ein Sonntag ohne Klöße ist für meinen Mann ein verschenkter Sonntag

Heute gehört für mich das Leben auf dem Bauernhof einfach dazu. Mein Mann fährt im Sommer noch selbst die Ernte ein. So wie er schon als kleiner Bub neben seinem Vater auf dem Traktor saß, sitzt jetzt unser Sohn Julius neben ihm auf dem Mähdrescher. Mir geht dabei immer richtig das Herz auf, wie er es liebt, mit seinem Papa zu »arbeiten«. Abends kann es passieren, dass er ganz erschöpft auf dem Mähdrescher einschläft und wir ihn ins Bett tragen müssen. Das Familienleben auf dem Land ist für mich Heimat – »Ich bin ein Dorfkind, darauf bin ich stolz, denn wir Dorfkinder sind aus gutem Holz«, singt die unterfränkische Band »Dorfrocker« so treffend. Im Vergleich zu seiner Arbeit als Landrat oder meiner im Kanzleramt und im Bundestag kann mein Mann am Ende eines Erntetages tatsächlich messen, was er tagsüber geschafft hat: wie viel er gedroschen und wie viel Getreide er eingeholt hat. Schön ist bei der Arbeit auf dem Bauernhof auch, dass alle zusammen helfen, unsere Jüngsten mit eingerechnet sind dies drei Generationen. Und auf meiner Seite sind wir sogar noch vier Generationen einschließlich meiner großartigen Omi.

Zwar bin ich selbst nicht auf einem Bauernhof aufgewachsen, mein Vater war Bürgermeister und meine Mutter Hauptschullehrerin, aber meine Eltern lehrten mich genauso: Man muss nach den Jahreszeiten und im Einklang mit der Natur leben. Im Winter isst man Kohl, im Sommer Erdbeeren – und nicht andersrum. Die Spargelsaison beginnt im April und endet an Johanni, Karpfen wird nur in Monaten mit »r« gegessen. Wir essen saisonal, wie der Kalender es uns vorgibt. Das hat viel mit Verantwortung zu tun. Schon als kleines Mädchen hatte ich ein eigenes Gemüsebeet mit Tomaten, Gurken, Karotten, Kartoffeln oder Salat, und mein Opa Seppl legte für uns zu Hause Spargelbeete an. Ich habe immer schon gern selbst gepflanzt, was ich noch heute in Franken tue – am liebsten Tomaten und Chili. Das ist für mich der perfekte Ausgleich zur Politik: dass ich eben etwas mit den Händen machen kann.

Das ist für mich der perfekte Ausgleich zur Politik: dass ich etwas mit den Händen machen kann

Unter der Woche lebe ich gern in Berlin, und es ist schön, das Beste aus beiden Welten – Land und Großstadt – zu haben. Ich pendele viel zwischen Franken und Berlin. Meistens mit dem Zug. In den Wochen ohne Bundestagssitzungen versuche ich, nur dienstags bis donnerstags in der Hauptstadt zu sein. Denn ich liebe es, in der Heimat meinen Wahlkreis Bad Kissingen zu betreuen. Als ich noch im Verkehrsministerium war, konnte ich mehr Zeit in Franken verbringen, nun bin ich seit 2018 mehr in Berlin. Für meine Heimat. Deshalb würde ich auch nie meinen Dialekt ablegen wollen, weil ich abgesandt bin für die Region, die ich vertrete. Auch wenn der eine oder andere schon versucht hat, es mir abzutrainieren.

Unsere Weihnachten stehen unter dem Motto »The more, the merrier«, also je mehr, desto fröhlicher: Ob Heiligabend oder erster Weihnachtsfeiertag – Oma, Tante, Paten sind nach Möglichkeit alle dabei. In unserer Region ist es nicht unüblich, eine so große Verwandtschaft zu haben und den Kontakt zu dieser auch zu pflegen. Aber ich beobachte, dass ich schon eine der wenigen in unserem Freundeskreis bin, die selbst ungerade Geburtstage gern groß feiert – ich komme eben aus einer geselligen Familie. Ich bin sowieso sehr lebenslustig und habe eine sehr positive Grundeinstellung dem Leben gegenüber. Für fränkische Verhältnisse bin ich eine große Euphorikerin, denn meistens ist man bei uns eher zurückhaltend. Es dauert bei den Franken länger, jemanden für sich zu gewinnen. Aber wenn man ihn hat, hat man ihn richtig. Auf den ersten oberflächlichen Blick erscheinen wir vielleicht rauer, aber dann substanzieller, nachhaltiger und beständiger. Es gibt auch keine oberflächlich gespielte Freude, da heißt es so schön: »Wenn man nicht schimpft, ist es schon genug Lob.« Oder wenn jemand etwas ganz besonders toll gemeistert hat, gibt es kurz und knapp ein liebevolles »Basst scho'!«

So war es etwa, als ich vor zwei Jahren meinen Jagdschein bestanden hatte. Und dabei war ich selten in meinem Leben so stolz auf etwas. Denn vom Lernaufwand war es schlimmer als Abitur und Studium zusammen. Es war unglaublich viel Stoff zu lernen. Außerdem war ich seit Jahren nicht mehr in einer Prüfungssituation gewesen, vor den Prüfern hatte ich schon gewaltig Respekt. Aber ich wollte mir beweisen, dass ich es kann, und ich wollte etwas nur für mich tun. Schon vor zwanzig Jahren fasste ich den Entschluss, meinen Jagdschein zu machen. Konkret wurde es vor zwölf Jahren, aber dann wurde unsere erste Tochter geboren. Immer wenn ich erneut das »grüne Abitur« machen wollte, kam ein Kind. Vor zwei Jahren sagte ich dann zu meinem Mann: Wenn ich es jetzt nicht mache, mache ich es nie mehr. Durch meinen Jagdschein hat sich mir noch mal eine ganz neue Welt eröffnet: Seitdem nehme ich viel genauer die Artenvielfalt oder die unterschiedlichen Tiergeräusche im Wald wahr. Ich will ein Stück Tradition bewahren, etwas tun, was mit Hege und Pflege zu tun hat. Und wie der Zufall es will, habe ich auch in eine Jägerfamilie eingeheiratet: vom Schwiegervater über den Schwiegeronkel bis hin zu den Cousins sind alle Jäger. Alle bis auf meinen Mann. Dafür fährt der Mähdrescher – basst scho'!

Für fränkische Verhältnisse bin ich eine große Euphorikerin

Dem Interview mit der Staatsministerin verdankte die Autorin ihren ersten Besuch im Kanzleramt. Auf den Lederstühlen von Doris Schröder-Köpf entstand ein Gespräch mit vielen Gemeinsamkeiten: über das Landleben, die Liebe zu Sylt und die Jägerfamilien

Johannes Oerding

SÄNGER

»Auf Tour sorgen meine Liebsten dafür, dass ich mich heimisch fühle

Als Jugendlicher hätte ich nie gedacht, dass ich mal den Drang verspüren würde, mein Dorf zu verlassen. Mit siebzehn Jahren wurde mir schlagartig bewusst, dass ich meinen Traum vom Musiker-Leben in Geldern-Kapellen nie würde verwirklichen können. Also zog ich vom Niederrhein an die Elbe – Hamburg war für mich die erste Adresse. Ich hab mich sofort in die City verknallt, als ich nachts über die Kennedybrücke fuhr. Seit elf Jahren lebe ich nun schon im Schanzenviertel – trotzdem ist die Hansestadt nicht meine Heimat. Genauso wenig wie Münster, wo ich geboren wurde. Oder eben Geldern-Kapellen, wo ich aufgewachsen bin.

Nicht nur eine Stadt oder ein Land können Heimat sein. In den letzten Jahren ist das viele Unterwegssein als Musiker für mich ein Ankerpunkt geworden: Ich fühle mich heimisch, wenn ich auf Tour bin. Dieses Heimatgefühl wird immer von Menschen geprägt. Zu Hause ist es meine Familie: meine Eltern, meine zwei Schwestern und zwei Brüder und mittlerweile acht Nichten und Neffen. Auf Tournee ist es meine Musik-Familie: Meine vierköpfige Band und meine Crew, insgesamt bis zu achtzehn Leute, sind meine Wegbegleiter, die eine ähnliche Vision wie ich haben. Mit ihnen verbringe ich bis zu 180 Tage und Nächte im Jahr auf den Straßen Deutschlands. Wenn ich in den Nightliner einsteige, sitzen da meine sogenannten Brüder. Man streitet sich genauso, wie man zusammen auf oder hinter der Bühne abfeiert. Mit dem einen verbringst du mehr Zeit als mit dem anderen, weil die Interessen außerhalb der Musik nicht immer gleich sind. Das ist in der Bandfamilie genauso wie in der Blutsfamilie. Von meinen vier Geschwistern habe ich meistens auch nur was mit meiner jüngeren Schwester Lotti unternommen. Eben weil wir altersmäßig nur zwei Jahre auseinander waren und fast denselben Freundeskreis hatten.

Ich bin seit meinem achten Lebensjahr bei den Pfadfindern

Während meiner vielen Reiserei hatte ich noch nie Heimweh, ich hatte noch nie das Gefühl, irgendwohin unbedingt zurück zu müssen. Wahrscheinlich weil ich mich bisher nirgends richtig niedergelassen habe. Meine Wohnung in Hamburg ist inzwischen auch mehr ein Ort zum Wäschewaschen als zum Ankommen und Auftanken. Aber klar verstehe ich, wenn Jungs aus meiner Band Heimweh kriegen. Da gibt es nur einen gravierenden Unterschied: Sie haben Familie, Kinder und vielleicht noch ein Häuschen – die haben sich einen Platz geschaffen, den ich noch gar nicht gefunden habe. Dafür habe ich keine Verpflichtungen. Ich verfolge eine sehr egozentrische Lebensweise, weil ich nun mal nur dieses eine Leben habe und glücklich sein möchte. Nach meinen Vorstellungen und nicht nach denen der Gesellschaft. Der meist gesagte Satz auf dem Sterbebett lautet: »Ich wünschte, ich hätte mein Leben mehr für mich gelebt und nicht für andere.« Das will ich mir später nicht selbst vorwerfen.

Das bedeutet aber nicht, dass ich keine Werte habe – ganz im Gegenteil. Denn auf dem Dorf bekam ich sozusagen eine Grundausbildung in sozialen Umgangsformen mit auf den Lebensweg. Loyalität, Zusammengehörigkeit und Hilfsbereitschaft waren dort immer enorm wichtig. Es war ganz selbstverständlich, dass man aufeinander aufpasst und sich gegenseitig unterstützt. Seit meinem achten Lebensjahr bin ich bei den Pfadfindern, und dort wurde mir auch beigebracht, Rücksicht zu nehmen, tolerant und weltoffen zu sein. Ich war erst Wölfling, dann Jungpfadfinder, Pfadfinder, Rover und mit achtzehn Gruppenleiter. Dabei ging es mir nie um die Kluft, mit Patriotismus kann ich nichts anfangen, sondern um die Message dahinter: »Der Stärkere beschützt den Schwachen!« oder »Hinterlasse die Welt ein Stückchen besser, als du sie vorgefunden hast.« Bei den Pfadfindern habe ich überhaupt erst Gitarre spielen gelernt. Wenn wir abends zusammen am Lagerfeuer saßen und sangen, hatte ich viel Zeit zum Üben – von Songs wie »Country Roads« bis zu »Über sieben Brücken musst du gehen«. Heute kann ich aus dem Stand ein paar Hundert Songs spielen, auch wenn der englische Text nicht immer stimmt, weil ich als Teenie viel »Fake-Englisch« gesungen habe. Jedes Jahr fahre ich für ein paar Tage in ein großes Pfadfinder-Sommerlager mit 200 Kids – zum Beispiel in den Harz oder nach Schweden. Da sitz ich dann in Wanderstiefeln und Jogginghose am Lagerfeuer und bin einfach der Gitarren-Johnny. Das holt mich in meine eigene Jugend zurück.

Früher war alles besser? Damit kann ich nichts anfangen!

Ich bin aber kein Nostalgiker, daher trauere ich auch nichts und niemandem hinterher. Ich bin der Moment-Leber. Früher war alles besser? Damit kann ich nichts anfangen, wenn das jemand sagt. Das ist für mich reaktionäres Verhalten. Man muss sich anpassen, Strukturwandel gehören nun mal dazu. Die guten alten Zeiten, von denen alle reden, sind für mich alle jetzt. Aber je älter ich werde, desto mehr fallen mir Sachen von früher ein, die ich vielleicht dreißig Jahre verdrängt hatte. So habe ich mich kürzlich erinnert, wie ich als kleiner Johnny auf dem Beifahrersitz im Auto neben meinem Vater saß. Als Landarzt machte er nach seiner regulären Sprechstunde mittags immer ab 12 Uhr eine Stunde Hausbesuche. Ich hatte einen Riesenspaß daran, mit ihm alle Bauernhöfe im Umkreis abzufahren. Und während er bei den Omas den Blutdruck maß oder eine Spritze gab, spielte ich mit den Hunden und Katzen oder fütterte die Hühner. Und abends, wenn mein Vater nach der Arbeit um 19 Uhr nach Hause kam, aßen wir alle zusammen Brote mit Wurst und Käse. Danach trug er Lotti und mich zusammen ins Bett – der eine links, die andere rechts im Arm. Diese Erinnerungen kommen manchmal hoch, blitzartig.

Auf dem Dorf bekam ich sozusagen eine Grundausbildung in sozialen Umgangsformen mit auf den Lebensweg

Familie wird bei uns sehr großgeschrieben. Wenn der eine den anderen braucht, dann wird alles stehen und liegen gelassen! Grundsätzlich habe ich das Gefühl, dass meine Eltern mich sehr positiv erzogen haben – sie haben mir immer vermittelt: Wenn es ein Problem gibt, gibt es auf jeden Fall auch eine Lösung. Diese positive Denkens- und Herangehensweise lebe ich als Erwachsener weiter. Es gab bei uns nie Streitigkeiten oder Verfeindungen in der Familie. Ich habe meine Eltern auch nie untereinander streiten sehen, bis ich 25 war. Denn immer, wenn sie Stress hatten, machten sie das unter sich aus – sie wollten nicht, dass wir Kinder den Konflikt mitbekommen und dass uns das belastet. Klingt schön, war sicherlich auch gut gemeint, aber dadurch war ich völlig konfliktunerfahren, als ich mit achtzehn vom Dorf in die große Welt eintauchte. Ich hatte ernsthaft erst mal zu lernen, dass Konflikte und Diskussionen nichts Schlimmes sein müssen.

Dafür wusste ich mich zu benehmen! Denn in einem 2000-Einwohner-Dorf gehört sich das natürlich – als Sohn vom Herrn Doktor. Der Landarzt, der Pfarrer, der Schulleiter und der Ortsvorsteher, also der Bürgermeister, waren damals noch was. Wie vier Mafiabosse diskutierten sie abends beim Skatspielen über die Geschicke des Dorfes.

Wenn ich dann im Schlafanzug in die Küche schlich, sagte mein Vater: »Johannes, kannst du bitte mal ordentlich Guten Abend sagen!« – und da musste ich jedem brav die Hand geben. Sonntags in der Kirche sollte es schließlich keinen Ärger geben, denn dort sah ich den Herrn Pastor ja wieder – weil ich sein Messdiener war. Das war am katholischen Niederrhein eben so, das gehörte für die Jungs zu den dörflichen Gepflogenheiten: Du warst Messdiener, Pfadfinder und im Fußballverein. So haben das meine Brüder gemacht, so hat das jeder gemacht. Mich nervte genauso wie das frühe Aufstehen am Sonntag dieses lächerliche Gewand, noch mehr störte mich aber, dass ich eine ganze Stunde ruhig stehen musste. Dafür war ich einfach zu zappelig. Sport hingegen habe ich immer geliebt, ich war sogar mal Torschützenkönig beim SV Arminia Kapellen/Hamb in der Kreisliga B. Mit der Kirche konnte ich weiß Gott nie was anfangen. Aber so sicher wie das Amen in der Kirche ist: dass nichts bleibt, wie es einmal war.

So sicher wie das Amen in der Kirche ist: dass nichts bleibt, wie es einmal war

Für das Heimatgefühl während seiner Deutschlandkonzerte schmiert sich Johannes Oerding backstage gern Brote, so wie in Kindheitstagen zu Hause in Kapellen am Niederrhein. Im Jahr ist der Sänger (»An guten Tagen«) bis zu 180 Tage unterwegs

Nico Hofmann

FILM- UND FERNSEH-
PRODUZENT & REGISSEUR

»Auf meinem Boot hole ich mir die Kindheit mit meinem Opa zurück

Heimat ist für mich ein polyglotter Begriff. Mit der politischen Form der Abschottung oder den pronationalistischen Ideen kann ich nichts anfangen. So lebe ich nicht. Mich definiert vielmehr eine enorme Weltoffenheit als Abgrenzung zur Abgrenzung. Wenn ich die extrem fragwürdigen Gedankengüter der AfD weiterspinne: Ich bezweifele stark, dass wir in Deutschland glücklicher werden würden, wenn wir die Soldaten des Zweiten Weltkriegs heiligsprechen, mit der Vergangenheit abschließen, niemanden mehr ins Land lassen und uns nur noch unter uns selbst paaren. Das hat nichts mit meinem

Weltverständnis zu tun, und so würde ich in dieser Welt nicht leben wollen. Da ich sehr oft in München bin, kann ich behaupten: Selbst die jungen Bayern können mit der manchmal aufblitzenden Abschottungspolitik der CSU, die auch innerhalb der Partei umstritten ist, überhaupt nichts mehr anfangen. Sie wollen ein weltoffenes Bayern.

Für mich ist die ganze Welt zu meiner Heimat geworden, weil ich viel unterwegs bin, 270 Tage im Jahr. Wir drehen in den USA, in Südafrika oder Asien. Deshalb bin ich nicht heimatlos. Das komplette Gegenteil zum Jetset ist der Wannsee, meine Oase. Dass ich 2015 die Intendanz der »Nibelungen-Festspiele« in Worms übernommen habe, ist als Mannheimer ein klares Bekenntnis zu meiner Region. Meine heimatliche Zuordnung besteht also aus mehreren Ebenen. Meine Mutter Ulla hingegen würde immer Mannheim als ihre Heimat definieren, sie hat auch bereits auf dem Zentralfriedhof ein Familiengrab reserviert, weil es die Zugehörigkeit bestimmt und weil sie wohl vermeiden will, dass ich auch nur einen einzigen Gedanken daran verschwenden könnte, mich in Berlin am Wannsee beerdigen zu lassen. Für die Generation meiner Mutter – sie ist Jahrgang 1931 – bleibt es undenkbar, sich nicht in der Heimatstadt beisetzen zu lassen.

Ich bin 270 Tage im Jahr unterwegs

Meine Eltern waren beide Journalisten. Wenn man ihre Zeitungsartikel von vor fünfzig Jahren nebeneinanderlegt, liest sich das wie eine Bestandsaufnahme der Gesellschaft quer durch die Republik: Mein Vater Klaus begleitete als politisch verantwortlicher Redakteur der »Rheinpfalz« sowohl Willy Brandt beim Kniefall von Warschau als auch Helmut Kohl auf seinen Reisen. Meine Mutter hatte als Wirtschaftskorrespondentin der »FAZ« unter anderem mit allen BASF-Vorstandschefs zu tun. Und das in einer Zeit, in der Journalismus ein männerdominierter Beruf war und die Frauen als Sekretärinnen im Verlag arbeiteten. Dadurch wurden meine drei Jahre jüngere Schwester Simone und ich sehr früh zu dem Selbstbewusstsein erzogen, anderen Menschen, egal aus welcher Schicht sie kommen, auf Augenhöhe zu begegnen – mit großem Empfinden für Gerechtigkeit und Emanzipation. »Du musst vor nichts und niemand Angst haben« war ein

Leitsatz meiner Mutter. Sie hatte journalistisch keine Berührungsängste, das fand ich sehr beeindruckend. Sicherlich habe ich den angstfreien Umgang mit Menschen in erster Linie von ihr gelernt. Sie musste sich nicht nur beruflich, sondern sehr früh auch schon gegen den gesellschaftlichen Druck behaupten: Weil sie alleinerziehend mit zwei Kindern und berufstätig war – dieses Lebensmodell war zu der damaligen Zeit verpönt. Es wurde in der sehr bürgerlichen Ecke Mannheims, wo wir lebten, oftmals mit dem Finger auf uns gezeigt.

Das komplette Gegenteil zum Jetset ist der Wannsee, meine Oase

Es war eine extrem schwierige Phase. Ich steckte mitten in der Pubertät, mein Vater hatte die Familie verlassen und war nach Ludwigshafen gezogen. Nach der Scheidung meiner Eltern 1972 gab mir der Glaube viel Kraft. Ich wurde zutiefst protestantisch erzogen, noch heute bin ich in der evangelischen Kirche sehr aktiv. 2017 gestaltete ich etwa als Reformationsbotschafter in der hessischen Landeskirche in Frankfurt die Predigt. Kirche bedeutet mir viel, Glaube ist auch eine Heimat. Die evangelische Kirche deckt sich in Glaubensfragen stark mit meiner eigenen Vorstellung vom Leben, beim Katholizismus bewegt sich für mich vieles zu sehr am Rande der Doktrin. Ohne die Unterstützung der Markusgemeinde in Mannheim und insbesondere von Pfarrer Walter Adler wäre die Scheidung für alle in der Familie deutlich schwieriger gewesen. Meine Mutter war sehr verzweifelt, es gab für sie damals keine Hilfe von außen, weil niemand Verständnis für ihre Situation zeigen wollte.

Es gab in meiner Familie zu jener Zeit nur noch meine Mutter, meine Schwester, meine Oma Paula – und mich. Ich bin also mit drei Frauen in einem Haushalt groß geworden. Der Tagesrhythmus wurde sehr stark von meiner Oma definiert, da sie für uns Kinder kochte, während meine Mutter arbeitete: 7 Uhr Frühstück, 12 Uhr Mittag, 18 Uhr Abendbrot – das zog meine Oma rigoros durch. Durch diese festen Essenszeiten wollte meine Großmutter wahrscheinlich auf ihre Art die Familie zusammenhalten.

Da sie Metzgermeisterin war, gab es bei uns zu Hause viel zu viel Fleisch. Jeden Tag. Ich fand dieses Übermaß – von Sauerbraten bis Gulasch – wirklich schrecklich! Ich bin davon derart übersättigt, dass ich seit meiner Jugend die fettige Pfälzer Küche nicht mehr sehen, geschweige denn essen kann.

Zeitgleich mit der Scheidung meiner Eltern starb traurigerweise mein Opa Fritz Schmitt. Viel zu früh, er war erst 76 Jahre alt. Das war sehr schwierig für mich, da beide männlichen Bezugspersonen im Doppelschlag wegbrachen. Mein Opa war Industriekaufmann beim Mineralölunternehmen BP in Mannheim und Chef des Angelfischervereins Merkur. Sein ganzes Leben verbrachte er am Wasser, er war ein passionierter Fischer. Seit meinem siebten oder achten Lebensjahr nahm er mich im Sommer jeden Tag mit, wenn er in seinem Boot zum Angeln rausfuhr. Auf den Altrhein-Armen fuhren wir oft in Richtung Worms oder Speyer. Damals konnte man sogar noch im Rhein schwimmen, so sauber waren die Gewässer. Ich durfte bei meinem Opa ans Ruder, während er stundenlang darauf wartete, dass ein Fisch anbiss. Dabei rauchte er Zigarre oder Pfeife. Gesprochen wurde nicht viel, das hätte ja die Fische vertrieben. Mein Opa war sowieso niemand, der viel geredet hat. Das war mir aber egal, denn wir hatten eine ganz andere Nähe zwischen uns.

Kirche bedeutet mir viel, Glaube ist auch eine Heimat

Auf meinem Boot am Wannsee hole ich mir meine Kindheit mit meinem Opa zurück. Dieses Heimatgefühl in Bezug auf mein Boot kann nur von damals kommen. Wenn ich auf dem Wasser bin, ist mein Opa in meinen Gedanken immer dabei. Dort angele ich allerdings nicht, mir macht es einfach Spaß, die rare Zeit mit meinen Freunden auf dem Wasser zu verbringen. Noch vor zehn Jahren wäre ich weder auf die Idee gekommen noch hätte ich die Ruhe dafür gehabt. Um das Materielle geht es mir dabei nicht, sondern um das Gefühl von Freiheit und Wohlbehagen. Weil ich inzwischen auch auf dem Wasser schlafe, überlege ich, meine Stadtwohnung in Berlin zu verkaufen. Meine gesetzliche Rente beginnt mit 66 Jahren und vier Monaten – ich könnte ab dann doch nur noch auf dem Boot leben. Diesen Lebenszuschnitt wiederum habe ich wahrscheinlich von meinem Vater. Er ist das genaue Gegenteil von meiner Mutter: ein extremer Freigeist, anarchisch und durch seinen Freiheitswillen sehr egoman in seiner Lebensweise. Inzwischen lebt er bei meiner Schwester in Baden-Baden. Abgesehen von seinen Zeitungsartikeln besitzt er tatsächlich nichts, da er keinen Wert auf materielle Dinge legt. Das wiederum verdankt sich seiner Erziehung – denn sein Vater war Kommunist.

An dem ZDF-Dreiteiler »Unsere Mütter, unsere Väter« über die Kriegsjahre 1941 bis 1945 arbeitete Deutschlands erfolgreicher Fernsehproduzent zehn Jahre lang. Für sein Epos wurde Nico Hofmann mit dem »International Emmy« ausgezeichnet

Samy Deluxe

RAPPER

»Ich trage das Moin in meinem Herzen

Mit zwanzig habe ich hasserfüllt »Weck mich auf« gerappt und darin Deutschland als Albtraum beschrieben. Als sehr negative Abbildung von der Heimat, in der ich aufgewachsen bin. Denn schon als Kind habe ich sehr unter dem Fakt gelitten, dass ich der Einzige mit Melanin in dem ganzen Viertel war. Mein sudanesischer Vater Rashid verließ meine Mama Gisela, als ich erst zwei Jahre alt war. Das war 1979. Er ging in den Sudan zurück, ich wuchs ohne ihn in Hamburg-Eppendorf auf, damals nicht gerade multikulti. Als ich dort in der ersten Grundschule war, gab es neben mir nur einen zweiten Jungen mit dunkler Haut, der war Kolumbianer. Auf der zweiten Grundschule gab es einen Latino aus Chile. Der hatte meine Hautfarbe, saß aber nicht wie ich zwischen den Stühlen, weil er zwei chilenische Eltern und keine Identitätsprobleme hatte. Die ersten zehn Jahre war es so, dass ich gefühlt der Einzige mit schwarzer Haut in unserem Stadtteil war.

Meine Oma Emma wollte das nie wahrhaben, sie meinte immer, ich sei »nicht wirklich dunkel«. Sie hat mich von uns drei Enkeln am meisten geliebt, das ist auch official, die anderen haben nie so viel Attention gekriegt wie ich. Trotz aller Liebe für mich war sie eine krass engstirnige Frau. Das meine ich nicht böse, ihre Generation hat sie einfach geprägt, so sagte sie damals auch tatsächlich: »Ich habe als Baby immer deinen Kopf gestreichelt, damit deine Haare glatt werden.« Für sie war ich ihr Lieblingsenkel Samy, aber da draußen war ich ein brauner Fleck in der Milchkanne.

Ich war immer zu weiß für die Schwarzen und zu schwarz für die Weißen

Ich kenne auch andere Leute, die schwarz oder gemixt sind, und die nichts Negatives damit verbinden. Aber für mich war es anders. Ich fühlte mich allein, ich war immer zu weiß für die Schwarzen und zu schwarz für die Weißen. Als ich mit fünfzehn endlich den Verein »African Heritage« fand, wo schwarze Jugendliche aus Hamburg zusammenkamen, konnte ich dort das erste Mal in der Wir-Form über Probleme sprechen, mit denen ich im Alltag konfrontiert war. Wie die anderen in der Gruppe auch. Das hat mir sehr viel gegeben. In den Jahren als Teenager habe ich eine Menge über schwarze Geschichte gelesen. Aber obwohl ich afrikanische Roots habe, hat mich Afrika nicht so interessiert wie Amerika, was die Kultur angeht. Ich habe meine Identifikation mehr in der amerikanischen Geschichte der Schwarzen gesucht. Das war eine schwere Zeit, denn wenn du dir Biografien wie die von Malcolm X durchliest, bekommst du einen Hass auf weiße Leute, weil die in den Stories eben immer die Bösen sind. Ich weiß noch, wie sehr mich das alles durcheinandergebracht hat: Ich wurde damit konfrontiert, und als ich dann abends wieder nach Hause kam, saß da meine weiße Familie am Küchentisch.

Für meine Mutter muss es in dieser Phase extrem hart gewesen sein. Ich erinnere mich an ein paar Momente, als sie mir nicht in jeder Nuance richtig helfen konnte, eben nicht so, wie sie gern gewollt hätte – und dass sie genau das belastet hat. Sie hatte keinen Lösungsansatz. Weil sie weiß ist, hatte sie es ja selbst nie so erlebt wie ich. Wenn ich mit Problemen zu ihr kam, wollte meine Mutter mir oft ausreden, dass das alles nur wegen meiner Hautfarbe sei. Sie war immer auf meiner Seite, trotz allem Stress und Trubel hielt sie immer zu mir. Wenn man so will, war meine Mutter immer meine Heimat für mich. Ich hatte nie einen Vater, aber einen Teampartner – meine Mama. Mit dreißig schrieb ich sehr viel reflektierter und weniger wütend den Song »Dis wo ich herkomm«. Darin wollte ich nicht pauschal alles gutreden, aber auf das tierische Potenzial von Deutschland als multikulturelles Land aufmerksam machen. Zu der Zeit war ich sehr viel in Amerika, ob beruflich oder privat bei meinem Sohn Elijah Malik, der mit meiner Ex-Frau in Portland an der Westküste lebt. Von außen betrachtet erscheint es ja immer als das Land der unbegrenzten Möglichkeiten. Aber wenn man länger dort ist, merkt man, dass es in dem scheinbaren Paradies durchaus sehr viele Grenzen gibt: Am Abend kehren alle, die Schwarzen, die Weißen, die Latinos oder die Asian Community, in ihre eigenen Viertel zurück. Wo sie alle unterschiedlich sozialisiert werden. Von wegen Melting Point USA! Das Gras ist eben doch nicht immer auf der anderen Seite grüner. Ich würde mir für unser Land mehr Selbstliebe wünschen – auf unsere Zukunft bezogen. Ich finde es schon generell gut, wenn man morgens in Deutschland mit Lust aufsteht und etwas Positives beitragen will, damit es sich bei uns weiterentwickelt.

Wenn man so will, war meine Mutter immer meine Heimat für mich

Für meine positive Darstellung Deutschlands in dem Song erntete ich allerdings viel Kritik, und mir wurde unter anderem unterstellt, rechtes Gedankengut zu verbreiten.

Muss man sich mal vorstellen. Für die negative Darstellung hingegen, also für »Weck mich auf«, bekam ich Gold-Platten und Preise verliehen. Jetzt bin ich einundvierzig und weiß nicht genau, was für eine Erkenntnis ich aus alledem ziehen soll. Für mich ist Heimat auf alle Fälle da, wo dein Herz ist – ganz egal, wo du wohnst.

Ich liebe Hamburg, ich trage das Moin in meinem Herzen. Gerade wenn ich nicht im Norden bin, sondern zum Beispiel in Berlin oder München, begrüße ich alle immer mit einem Moin. Inzwischen wohne ich zwar nicht mehr in der Innenstadt, sondern dreißig Kilometer entfernt in der Nordheide, aber deshalb bin ich nicht weniger nordisch by nature. 2010 bin ich aufs Land gezogen, wahrscheinlich um einfach generell mit weniger Reaktionen von Menschen zu tun zu haben. Das lenkt schon ab, und es ist traurig, wenn man so viel Zeit seines Tages damit verschwendet, dass man verdauen muss, wie andere Leute in der Gesellschaft auf dich reagieren. Je dunkler du bist, desto fremder bist du. Für die weiße Gesellschaft ist jemand, der ganz schwarz ist, gefühlt eine optische Bedrohung. Bei meinem Freund Afrob, der zu 100 Prozent Afrikaner ist, ist das sehr extrem.

Existenzangst und Stress sind aus meiner Sicht der Nährboden für diese ganzen vielen Gedanken wie Neid. Die Menschen in der Stadt kriegen auf allen Wegen viel zu viele Informationen, werden schon beim Bäcker oder an der Tanke mit Headlines wie »Schon wieder eine Flüchtlingswelle« zugeballert. Es gibt dort meiner Meinung nach viel mehr negatives Potenzial. Die Menschen auf dem Dorf sind einfach glücklicher und viel entspannter. Ich habe genügend Dinge in meinem Leben, die mich mit positiver Energie und Elan füllen, sodass ich nicht den ganzen Tag darüber nachdenke, was mir Nachteile wegen meiner Hautfarbe macht. Der Schlüssel ist am Ende, sich nicht zu sehr darüber zu definieren. Ich sitze zwar immer noch zwischen den Stühlen, aber mein erster Gedanke ist morgens nicht: Oh Gott, bin ich heute zu weiß oder bin ich heute zu schwarz? Was man ausstrahlt, kommt zurück, denke ich. Und seitdem ich mich wohler

Ich sitze immer noch zwischen den Stühlen

in meiner Haut fühle, passieren mir nur noch sehr wenig komische Dinge. Die meisten Leute, die inzwischen auf mich zukommen, sind sehr positiv gestimmt. Wenn mich einer schräg von der Seite anguckt, beziehe ich es nicht mehr automatisch auf meine Hautfarbe, vielleicht auch für meinen eigenen »Peace of Mind«. Mir wurde irgendwann auch einfach bewusst, dass ich sehr anders aussehe als andere: Ich bin riesengroß, habe entweder einen merkwürdigen Samurai-Zopf auf dem Kopf oder lange Haare und trage Klamotten, die auch nicht ganz der Norm entsprechen. Ich sehe einfach aus wie ein Superstar, anscheinend habe ich diesen Appeal. Inzwischen fühle ich mich nicht mehr wie der Schwarze, der wie ein Dealer angestarrt wird, nur weil ich aus einem großen schwarzen Auto steige. Das Gefühl hatte ich wirklich jahrelang in mir.

Genauso wie die Wut auf meinen Vater. Als ich 2009 »Vatertag« rausgebracht habe, hat mich das Thema extrem beschäftigt. Ich habe es aus der Sicht eines jungen Vaters, der ich damals war, verarbeitet. Ein paar Jahre, nachdem mein Vater uns verlassen hatte, stand er mal bei meiner Mutter und mir in Hamburg vor der Tür. Daran habe ich keine Erinnerungen, ich muss wohl fünf Jahre alt gewesen sein. Erst als ich 1994 das erste Mal in den Sudan reiste, habe ich ihn wiedergetroffen. Er ist eins von zehn Geschwistern, damals wurde ich quasi von Onkel zu Onkel gereicht. Ich habe natürlich auch mit ihm Zeit verbracht, aber im Vergleich zu seinen Geschwistern, die für die dortigen Verhältnisse sehr betucht sind und in großen Häusern leben, war er irgendwie das schwarze Schaf der Familie. In der Zeit, in der seine Brüder das Business im Sudan aufgebaut hatten und damit erfolgreich wurden, war er in Deutschland. Er hatte eine Ehe geführt, die scheiterte, ein Kind gezeugt und kam dann ohne Familie, ohne Geschäftserfahrung – also mit leeren Händen – zurück in seine Heimat. Bei einem anderen Onkel hatte er so einen Pseudo-Job: Da stand ein Schreibtisch mit einem Telefon, das nie geklingelt hat, und eine Ablage für Notizen, wo aber keine Notiz drauf war. Er wollte mir tatsächlich weismachen, dass er all die

Heimat ist da, wo dein Herz ist – ganz egal, wo du wohnst

Jahre so viel arbeiten musste, dass er sich deshalb nicht bei mir hatte melden können. Was ich ihm nicht abgenommen habe. So hatte ich nach meinem dreiwöchigen Urlaub dort auch nicht mehr Bezug zu ihm als vorher. Genauso wie davor hat er sich auch danach nie mehr bei mir gemeldet. Und genau in dem Alter, als ich selbst Vater wurde und diese so besondere Connection zu meinem Sohn aufbaute, hat mich das extrem frustriert und traurig gemacht. Weil ich das ja selbst nie mit meinem Vater erlebt hatte.

> Dass Papa es geschafft hat, sich eines Tages umzudrehen
> Und nie zurückzusehen, was für'n verrücktes Leben
> Wie kann jemand schaffen, so'n riesengroßen Fick zu geben
> Aus dein eigen Fleisch und Blut, ich kann es einfach nicht verstehen

Nur ein Jahr nach dem Song ist mein Vater gestorben, ich hatte nie wirklich die Möglichkeit, das noch mal mit ihm zu klären, was ich bedauere. Genauso, dass er nicht wenigstens ehrlich zu mir war.

Von Hamburg aus ging's mit dem Auto südlich der Elbe ab aufs Land, ab ins Studio zu Samy Deluxe: Nach einer vorherigen Jam-Session mit Gentleman und Nena nahm sich der Rapper zwei Stunden Deluxe-Zeit für das Interview

Jörg Thadeusz

MODERATOR

»›Wir sind vielleicht Prolls, aber keine Asis!‹, hat meine Mutter gesagt

Mein Freund Lutz und ich saßen sehr ausführlich im Keller, um unsere Schülerzeitung mit Blödsinn vollzuschreiben. Zwischendrin haben wir dann immer vom Norden geträumt. Von einem schönen Mädchen von der Küste, das selbstverständlich in einem Reetdachhaus wohnt und auf mindestens einen Jungen aus Dortmund gewartet hat. Viele Jahre später ging der Traum auf seine Weise in Erfüllung. Ich stieg an der Haltestelle »Klosterstern« in Hamburg-Harvestehude aus der U-Bahn. Überirdisch ein gekämmter Kreisverkehr, umgeben von großbürgerlichen Palästen. Zwar kein Reetdach weit und breit. Das blonde Mädchen in Holzschuhen versteckte sich auch noch. Aber ich war angekommen. Mit mehr Heimat im Gepäck, als mir klar war.

»Du sprichst zu stark Ruhrgebiet. Deswegen moderierst du nachts«, sagte der Chef des NDR-Jugendradios N-Joy. Dabei war ich sicher, ich würde ein Hochdeutsch sprechen wie eine Klavierschülerin aus allerbestem Hause.

Aus dem Pott zu kommen wurde schon damals damit verbunden, liebenswürdig zu sein, aber auch unzureichend. Zu ungehobelt, wahrscheinlich zu ungebildet, mit angeborenem »als wie«-Fehler. Alles MantaManta. »Opel fahn' is, als wie wennze fliechst.« Sollten Passagiere aus dem Ruhrgebiet an Bord des ZDF-Traumschiffs sein, haben die die Reise immer gewonnen. In Wiesbaden wird jeder als Optiker geboren und kann selbst zahlen.

Aus dem Pott zu kommen wurde schon damals damit verbunden, liebenswürdig zu sein, aber auch unzureichend

Anders als mein damaliger Chef bei N-Joy-Radio hatte ich mit meinem besten Freund schon als Jugendlicher viele Opern im Dortmunder Theater gesehen. Kannte mich mit sinfonischer Musik ganz passabel aus, denn das Philharmonische Orchester der Stadt Dortmund ist eben so exzellent, wie man das in einer deutschen Großstadt mit mehr als 600 000 Einwohnern erwarten kann. Spielte aber keine Rolle. Denn mein Chef stammt aus Hannover, war dann in Berlin und nun junger Hoffnungsträger in Hamburg. Im Ruhrgebiet hätte er recht rasch einen Schmähnamen bekommen. Irgendwas in Richtung »Himbeer-Toni«, weil er etwas zu popperhaft, ein bisschen zu schnieke war. Andererseits aber ein umgänglicher, recht lustiger Mann. Schmähnamen kriegen nur Leute, die man letztlich mag. Wie der »Aschentonnen-Tiger«, der an den Tresen unseres Vororts immer irgendeine Rolle spielte. Die langweiligsten Nachmittage der Welt. Zwischen Männern, die unzählige Biere aus kleinen Gläsern in sich hineinschütten und dabei ganz tief im Hinterhals ihre Worte erzeugen. Unterbrochen immer wieder mit dem Aufknallen von Würfelbechern. Und ganz viel Husten. Denn als ich als Junge in diese Kneipen »mitmusste«, waren noch Bergleute trinkend anwesend. Und von denen hatten nun mal viele eine Atemwegserkrankung, oder »was mitte Bronchen«, wie das in richtig hieß.

Harmloser war »Aids anne Füße«. Von meinem Stiefvater bei unserem Nachbarn diagnostiziert. Als der Sandalen trug und wieder mal nicht vorher bei der Pediküre war. Dieses Wort begegnete nur denen, die notorisch Kreuzworträtsel lösten, und dabei konnte es durchaus passieren, dass es jemand als »Kinderheilkunde« erklärte. »Heimat ist dort, wo man versteht und verstanden wird«, hat der Bundespräsident völlig richtig gesagt.

Ein Freund meines Vaters wurde in einem Unterwäschegeschäft gefragt, welche BH-Größe seine Frau denn wohl trage. »Na, ein Mund voll«, war seine Antwort. Dieser Freund hätte auch drucksen können. Ihm war das Ungeschminkte mal wieder lieber. Das verstehe ich. Wenn heute ein öffentlicher Redner wieder quast und salbadert, dann meldet sich meine innere Heimat. Dann fällt mir die Gruppe von liebenswürdigen Schroffen wieder ein, die mir als Junge die Koordinaten vorgegeben haben.

Wenn heute ein öffentlicher Redner wieder quast und salbadert, dann meldet sich meine innere Heimat

Bergleute hießen Püttmänner. Arbeiteten nicht im Bergwerk, sondern »im Loch«. Beschreibt die Umstände dieser erbärmlichen Arbeit besser. Jenseits dieser merkwürdigen Bergbau-Romantik. Mein Onkel Siggi fuhr 32 Jahre ein. »Wenn einer käme und würde sagen, ich müsste das alles noch mal von vorne machen, dann würde ich mir den Strick nehmen«, hat er mir entgegengedonnert. Als ich schon Lokaljournalist war, besuchte ich einen malenden Ex-Bergmann für meine Zeitung. Könnte er doch auch machen, schlug ich Onkel Siggi vor. »Am Arsch hängt der Hammer«, war die sinngemäße Antwort.

Wie jede Provinz ist auch meine Heimat ein Ort der Ignoranz. Hätte ich Balletttänzer werden wollen, wäre es wahrscheinlich so ähnlich gelaufen wie in dem Film »Billy Elliot – I will dance«. Über einen Jungen, der sich über Tanz ausdrücken will. Aber nun mal im englischen Kohlerevier unter Nichttänzern aufwächst. Mein Bruder hatte Schauspieler-Ambitionen. Weniger als 15 Kilometer vom Bochumer Schauspielhaus entfernt wurde das in unseren Elternhäusern trotzdem für eine Schnapsidee gehalten.

Die Harten, von denen manche schon in den Himmelsgarten gekommen sind, fallen wahrscheinlich vor Lachen von der Wolke, wenn sie unsere Korrektheits-Debatten mitbekommen

Wie immer beim Thema Heimat: Ich darf sagen, dass wir Provinz sind. Lese ich, was ein Nannen-Schul-Absolvent kurz vor NRW-Wahlen im »Stern« oder »Spiegel« über die einfachen Menschen des Reviers schreibt, die alle ihr Herz auf der Zunge tragen, dann geht mir die Galle über. Das Ruhrgebiet ist mittlerweile eine Gegend für Wissenschaft. Fast an jeder Autobahnabfahrt eine universitäre Einrichtung. Und wir haben viele Autobahnabfahrten.

Meine Heimat hat mir gutgetan. »Wir sind vielleicht Prolls, aber keine Asis«, hat meine Mutter gesagt, als wir nach der Scheidung meiner Eltern neben Asis wohnten. Dabei ist ihr auch Prolltum absolut zuwider. Aber wir sind angenehm dünkelfrei. An unserer Schule konnte sich niemand für was Besseres halten. Denn die Eltern meiner Mitschüler waren alle »egal arm«, wie das zu Hause heißen würde. Die Harten, von denen manche schon in den Himmelsgarten gekommen sind, fallen wahrscheinlich vor Lachen von der Wolke, wenn sie unsere Korrektheits-Debatten mitbekommen. In dem Lager, in dem mein Stiefvater neues Baumaterial kaufte, oder in der Eisenbahn-Kolonne, in der mein Elektriker-Vater Rolltreppen und Fahrleitungen reparierte, was hätten sie da wohl über das Gender-Sternchen gesagt?

Ein verregneter April-Sonntagnachmittag in der Dortmunder Vorstadt, da muss man sich jeden Spaziergang als Kamerafahrt in einem Sozialdrama vorstellen. So deprimierend ist das. Aber dieses Nichts lässt auch Platz. In einem Berliner Hinterhof wird jedes Mülltonnenschieben zu einer möglichen Kameraeinstellung für Konrad-Wolf-Filmhochschüler. Deswegen kennt ganz Deutschland Neukölln als coolen Brennpunkt. In Dortmund-Scharnhorst ist es unbeobachtet überhaupt nicht toll. Aber in einer sehr schlichten Garage in einer typischen Ruhrgebiets-Schuhkartonsiedlung am Rand von Witten habe ich ein riesiges Modell der HMS Victory gesehen. Das letzte Schiff von Lord Nelson. Ein reizender Mann, der über Monate an dem übermannsgroßen Modell gearbeitet hatte. Stolz war er. Denn sein Schiff war bereits einem Museum in England versprochen. Der Beweis: Meine Heimat liegt mitten in der ganzen Welt.

Die erste Zusage kam über Nacht – per Mail von dem wunderbaren Jörg Thadeusz, während die Autorin in New York weilte. Die beiden hatten sich 2014 bei der Lesung von Peter Huths Roman »Berlin Requiem« im Berliner »Heimathafen« kennengelernt

Franziska Knuppe

MODEL

»Als Küstenmädchen liebe ich das Meer

Zu Ost-Zeiten gab es den Spruch »Jeder Doofe fährt nach Glowe«. Das war immer unser Ziel in den Familienurlaub: die Ostsee – ob Rügen, Usedom oder der Darß. Und das ist bei mir bis heute so geblieben. Seit zehn Jahren besitzen mein Mann Christian und ich ein Boot und verbringen die Sommerferien mit unserer Tochter Mathilda immer dort oben. Vor Usedom liegt unser Hafen, von da aus fahren wir die Küste ab. Mit unserem Verdränger, wie man das Stahlboot mit Holzausstattung nennt, kann man maximal vierzehn Stundenkilometer fahren. Also perfekt zum Entschleunigen und Abschalten – vom lauten Berlin und meinen beruflichen Reisen. Dadurch, dass ich als

Model ohnehin schon so viel unterwegs bin, will ich zum Urlaubmachen nicht noch mal zehn Stunden im Flieger sitzen. Und ich muss sowieso nicht zwingend in die Karibik oder nach Südafrika. Um mich zu erholen und runterzukommen, gibt es für mich nichts Schöneres, als Tag und Nacht auf unserem Boot zu verbringen – das ist wie Campen auf dem Wasser.

Ich bin in Rostock geboren, als Küstenmädchen liebe ich das Meer. Die Salzluft ist für mich der Inbegriff von Heimat. Dieser ganz besondere Duft, der dir in die Nase strömt, sobald du über die Düne spazierst und dir die Brise durchs Haar weht. Mehr geht nicht! Die Ostsee ist mir natürlich näher als die Nordsee, nicht nur geografisch, auch emotional. Mit der Region verbinde ich die schönsten Erinnerungen an meine Kindheit in der DDR. Dadurch, dass meine Mutter auch aus Rostock kommt, wo auch noch ihre Eltern, Freunde und Studienkollegen leben, verbrachten wir an der Küste die meiste Zeit. Im Sommerurlaub auf Usedom lagen meine Eltern, mein Christian und ich an der polnischen Grenze am Meer, also direkt am Zaun. Zu dem Wildstrand kam man nur zu Fuß durch ein schönes Stückchen Kiefernwald. Genau wie auf dem Darß: um dort an den naturbelassenen Strand mit viel Strandgut zu gelangen, mussten wir immer mit Sack und Pack durch den Wald laufen. Rügen ist genauso traumhaft: über Hunderte von Metern reihen sich bunte Raps- und Lupinenfelder in Gelb und Lila aneinander, dahinter liegt das blaue Meer, einfach wunderschön. Im Gegensatz zum kleinen Sylt hast du dort diese unglaubliche Weite – das ist schon ein Riesenunterschied. Auf Rügen gibt es die »Schaabe«, einen acht Kilometer langen Strand, am Ende ist das Cap Arkona, und in der Bucht liegt das besagte Glowe.

Am Strand sind wir wie eine türkische Großfamilie

Jedes Jahr freue ich mich ganz besonders auf dieses Dorf, weil es dort noch den alten DDR-Bäcker Mario Arndt gibt. Da stehen die auch jetzt noch Schlange. Für mich ist das zum einen aus nostalgischen Gründen die beste Bäckerei und Konditorei, aber vor allem schmeckt hier der Kuchen noch nach Kuchen. Heutzutage gibt es ja kaum noch

Familienbäckereien, sondern nur noch Ketten, die ihre Ware gefroren geliefert bekommen und dann auftauen. Bei Mario Arndt weißt und schmeckst du einfach, dass noch mit viel Liebe fürs Handwerk selbst gebacken wird. Der Zuckerkuchen von dort weckt ein absolutes Heimatgefühl in mir. Weil es den eben nur dort gibt, genauso wie die leckersten Brötchen. Die kaufe ich meist morgens zwischen 9 und 10 Uhr bei ihm ein, wenn ich mit einem unserer drei Klappräder vom Boot dorthin radele. Danach hole ich frisch geräucherten Fisch an einer der Buden, und oft suche ich direkt am Hafen bei den Kuttern den Fang fürs Abendessen aus. Wie meine Eltern es schon gemacht haben. Und genauso gehen wir auch immer vollbepackt an den Strand: mit großen Kühlboxen, gefüllt mit Stullen, Buletten, Gurken und Getränken für den ganzen Tag. Mein Vater grillte früher sogar noch am Strand, das darf man heute allerdings nicht mehr. Wie früher hämmern wir auch jetzt unseren Windschutz in den Sand. Wenn wir Glück haben, sind alle aus unserer Familie zeitgleich oben an der Ostsee im Urlaub. Am Strand sind wir dann wie eine türkische Großfamilie – denn wenn jeder alles aufgebaut hat, ist fast die Fläche eines halben Fußballfeldes belegt: mein Mann und ich mit unserer Tochter, meine Mutter mit ihrem Mann, mein Bruder mit seiner Frau und den zwei Kindern, zusätzlich Freunde mit ihrer Familie. Also eine ganze Horde.

Der Zuckerkuchen auf Rügen weckt Heimatgefühle

Das sind noch die Urlaubsorte, die eben nicht perfekt oder Schickimicki sind. Wo alle hinfahren können, weil man es sich auch leisten kann. Als Kind habe ich da gar nicht groß drüber nachgedacht, dass wir nirgendwo anders hinreisen konnten. Außer vielleicht mit dem Trabi in die Tschechei. Mir hat es in der DDR an nichts gefehlt, es gab ja alle Grundnahrungsmittel. Klar musstest du auf manche Dinge länger warten oder dich länger anstellen. Klar gab es keine exotischen Früchte, aber dann hast du eben einen Apfel gegessen. Heute predigen sie alle ständig, dass man regionale Küche vorziehen und wegen der Umwelt kein Obst aus Australien oder Südamerika einfliegen lassen soll – und im Grunde haben wir das damals schon gemacht. Du brauchtest keine Ananas oder Apfelsinen. Wir hatten trotzdem viele Vitamine, aus meiner Sicht gab es keinen Mangel.

Das sahen andere aber anders. So erinnere ich mich noch an einen meiner ersten Model-Jobs in Hamburg, damals für das »Journal für die Frau« mit Visagist Armin Morbach. Der hatte genau wie ich gerade in seinem Job angefangen und meinte beim Schminken zu mir: »Du kommst bestimmt aus'm Osten, oder? Ich habe da nämlich so eine Theorie: Mädels aus dem Osten haben alle Augenringe – kein Wunder, ihr hattet ja so wenig Vitamine!« Das meinte er tatsächlich ernst! Das sind Vorurteile, die mich aber nie berührt haben. Da muss man einfach dagegenreden – oder weghören. Als ich kurz nach der Wende 1993 in München eine Lehre zur Hotelfachfrau machte, arbeiteten im Hilton 120 Auszubildende aus der ganzen Welt. Denen war egal, wo ich herkam. Aber im bayerischen Biergarten, wo ich nebenher als Kellnerin jobbte, hörte ich sehr oft: »Ach, guck mal einer an: ein Ossi! Aber du redest ja gar nicht so, du sächselst ja gar nicht!« Das Bild vom Ossi sah eben vor, dass man sächseln muss. Genauso wie die Amis glauben, in Deutschland gibt es nur Weißbier, Sauerkraut und Bratwurst. Ich konnte das vielen gar nicht übelnehmen, das war einfach Unwissen.

Ich lebe unserer Tochter das Familienleben vor, wie ich es selbst gekannt habe: dass man viel Zeit mit seinen Eltern und Großeltern verbringt. Unter der Woche muss wegen der Schule und Arbeit meist alles schnell gehen, aber am Wochenende wird in Ruhe gefrühstückt, gequatscht und zusammen etwas unternommen. Geselligkeit und Zusammenhalt gebe ich genauso an Mathilda weiter wie Selbstständigkeit. Ich bin heute voll berufstätig, wie es meine Mutter schon war. Wenn sie ihre 36-Stunden-Dienste in der Klinik in Potsdam arbeiten musste, habe ich die intensive Zeit mit ihr samstags und sonntags umso mehr genossen. Mir ist es auch wichtig, meiner Tochter vorzuleben, dass sie für sich selbst sorgen kann. Ich möchte nicht, dass sie als Frau darauf wartet, bis der richtige Mann kommt – das sind die völlig falschen Werte. Als ich Ende der Neunziger in Paris beim Shooting anderen Models erzählte, dass ich bald heiraten werde, war die erste Frage: »Also hörst du jetzt auf zu arbeiten?« Weil ich ja bestimmt ein Kind kriegen würde. Was hat denn das eine mit dem anderen zu tun? Ich muss und vor allem will doch trotzdem arbeiten. Gut, das haben die wahrscheinlich wiederum von ihrer Mutter so vorgelebt bekommen.

Das war aber damals auch so ein Ost-West-Ding. In meiner Generation arbeiteten die meisten Mütter aus dem Westen nicht. Bei uns im Osten waren immer beide Eltern berufstätig: Meine Mutter Sabine war Kinderärztin, mein Vater Wolfgang Diplom-Ingenieur für Fernmeldetechnik. Anders als in der BRD kamen wir Kinder schon mit einem halben Jahr in die Krippe. Das hat alles sein Für und Wider, aber für die soziale Entwicklung war es sicherlich förderlich, davon bin ich überzeugt. All das gebe ich an Mathilda weiter – und dass sie trotzdem ihre Wurzeln nicht verliert. Genauso möchte ich meine Erinnerungen an meinen liebevollen Papa behalten. Ausgerechnet an meinem Geburtstag, am 7. Dezember 2011, starb er mit nur 61 an Lungenkrebs. Es war natürlich besonders traurig, aber so denke ich an diesem Tag ganz besonders an ihn.

Kurz bevor das Model mit seiner Familie auf Ostsee-Kreuzfahrt ging, nahm sich Franzi Knuppe noch Zeit für das Interview und die Fotos in Berlin. Die Text-Freigabe schickte sie mobil aus Bangladesh, wo sie für Unicef für Kinder in Not tätig war

Christoph Hoffmann

GRÜNDER DER »25HOURS HOTELS COMPANY«

»Durch das Radio erreicht mich der Sound meiner Heimat bis nach Dubai oder Paris

Ich bin in Reutlingen aufgewachsen, eine schwäbisch wohlhabende, aber eigentlich recht langweilige Stadt. Dort hatte ich eine schöne, aber doch unspektakuläre Jugend. Das änderte sich schlagartig, als ich mit 22 das erste Mal meine Heimat verließ und an die aufregende und damals noch gefährliche Lower East Side nach New York zog. Das war 1989. Damals war der oft besungene »Tompkins Square Park« in der Alphabet City noch ein Obdachlosenpark mit Junkies. Ich musste dort jeden Abend zu Fuß vorbei, weil ich in der Nähe in einer kleinen Bruchbude bei einem Aidskranken wohnte. Dass ich überfallen wurde, war keine Seltenheit. Eine schräge Übergangszeit. Mir ging es dort anfangs wirklich ganz schlecht, weil ich die Heimat, das Wohlbehütete, die Geborgenheit so sehr vermisst habe. Meine Mutter schickte mir gegen das Heimweh damals regelmäßig ihren selbst gebackenen Zitronenkuchen in den Big Apple. Ich glaube, ich habe manchmal sogar noch meine schmutzige Wäsche nach Hause geschickt, so schwer war es für mich, mich von meiner Heimat zu lösen und in der Millionen-Metropole einzugewöhnen.

Es dauerte drei ewig lange Monate, bis diese Stadt endlich die Euphorie hoch zehn in mir herauskitzelte – plötzlich war New York mit all seiner Inspiration und Energie für mich wie ein Wake-up-Call! Zum ersten Mal erlebte und begriff ich, was die Welt bedeutet, dass Manhattan die Welt in klein ist. Weil dort so viele verschiedene Menschen und Kulturen aufeinandertreffen, ein Kessel Buntes! Es war wichtig, das direkt nach dem beschaulichen Schwobaländle zu erleben und auch zu erleiden. Wenn mich diese große Stadt mit ihrer Geschwindigkeit mal wieder übermannte und ich richtig down war, gab es inmitten des hektischen Trubels einen Zufluchtsort für mich: das Swiss Centre an der 5th Avenue. Dort hing eine riesengroße 360-Grad-Aufnahme der Schweizer Alpen, ich glaube vom Matterhorn aus fotografiert. Zermatt war immer mein Lieblingsort in den Bergen, schon damals als Kind, wenn meine Eltern mit uns vier Kindern dorthin in den Urlaub fuhren. Mitten in Manhattan schaute ich mir dann eine halbe Stunde die Berge an und war wieder geerdet. Spätestens nach dem Käse-Fondue auf der 55th Street zwischen der 5th und 6th Avenue wieder im siebten Himmel. Oft spazierte ich mit meinem Arbeitskollegen, Henry J. Alexander, der ebenfalls bei der Agentur New York Travel arbeitete, dorthin, um gemeinsam Heimat zu spüren. Aufgrund seiner Familiengeschichte, der tragischen Flucht aus Deutschland, war er als pfälzischer Bub jüdischen Glaubens Deutschen gegenüber extrem reserviert, aber wir wurden während meiner drei Jahre in Amerika echte Freunde.

Meine Mutter schickte mir Zitronenkuchen nach New York

Inzwischen sind dreißig Jahre vergangen und ich bin mehr denn je in aller Welt unterwegs, weil ich unsere Hotel-Marke weiter ausbaue: vom ersten 25hours Hotel in Frankfurt bis zu unseren derzeitigen Projekten unter anderem in Dubai, Florenz, London, Paris und Kopenhagen. Ich weiß also ein wenig, was es bedeutet, heimatlos zu sein, und ich weiß, wie wichtig es ist, dass man sich auf Reisen überall irgendwie aufgehoben fühlen möchte – selbst wenn es nur für eine Nacht ist. Jedes Haus von uns hat seine eigene Identität, wie jeder seine eigene Heimat hat.

Durch das Radio erreicht mich der Sound meiner Heimat bis nach Dubai oder Paris. Denn egal in welchem Land ich gerade stecke, schalte ich gern den Verkehrsfunk des SWR3 ein: Wenn ich in der Fremde höre, dass es einen Stau auf der B27 von Tübingen in Richtung Reutlingen gibt, dann assoziiere ich damit natürlich etwas – ich denke an die Schnellstraße, die ich seit Kindheitstagen kenne, und daran, wie die Leute, die aus demselben Ort wie ich kommen, womöglich fluchend im Stau stehen. Es hat auch mit Tonalität zu tun – die Jingles verbinde ich mit Heimat, denn bis heute haben sie bei meinem Lieblingssender ihre Einspieler nur teilweise verändert. Mein größter Hero bei SWR3 ist im Augenblick Kristian Thees, ein gebürtiger Lübecker, einer der grandiosesten Interviewer – die Stimme lacht und er ist extrem engagiert. Sonntags gibt es seinen »Talk mit Thees« von 8 Uhr bis 12 Uhr. Wenn ich dann nachts im Ausland wegen der Zeitverschiebung aufwache, höre ich manches Mal seine Radioshow. Das gefährdet dann verständlicherweise schon hin und wieder unsere Familieneintracht, wenn wir gemeinsam reisen. Aber ich brauche dieses Stück Heimatgefühl. Egal, wo ich auf der Welt bin, egal in welchem fremden Hotel.

Musik mit Seele kann ebenfalls Heimat sein

Schon als Teenager habe ich den Sender rauf und runter gehört – ganz besonders wegen zwei besonderer Moderatoren beim SWF3, wie es damals noch hieß: Elmar Hörig, einer der lustigsten und kompromisslosesten Sprecher, der es wohl irgendwann mal mit seinen Sprüchen und Witzen überdehnte und deshalb, glaube ich, rausgeworfen wurde.

Und dann war da Evi Seibert – was war ich damals in ihre Stimme verliebt! Man konnte zu der Zeit ja noch nicht googeln und schauen, wie die Person überhaupt aussieht. Ich weiß es, ehrlich gesagt, bis heute nicht. Aber ihre Stimme ist immer noch genauso schön wie damals. Wenn ich sie heute höre, muss ich noch immer schmunzeln – Evi Seibert moderiert nämlich noch ab und an als Korrespondentin für SWR3 aus Berlin. Ich habe ihr früher sogar einen Brief geschickt, natürlich von Hand geschrieben. Darin habe ich Evi Seibert zum Essen eingeladen – ins »Burehiesel«. Das ist elsässisch und bedeutet »das Bauernhäuschen«. Ein wunderbares Restaurant in einem schönen Park in Straßburg, wo ich einmal zuvor mit meinen Eltern essen war. Leider habe ich nie eine Antwort von ihr bekommen. Essen war ich am Ende trotzdem dort, aber mit einem anderen Mädchen.

Heimat im Bauch spüre ich heute, wenn ich »Gefüllte« gekocht bekomme, eine Spezialität aus dem Saarland, wo ich geboren bin. Oder wenn ich einen Zwiebelrostbraten mit guten Spätzle aus der schwäbischen Heimat essen darf, dann wird's mir ganz wohlig. Kulinarisch verbinde ich viel mit diesem Gefühl. Bis heute gerate ich ins Schwärmen, wenn ich an mein Lieblingsrestaurant schlechthin denke: »L'Hôrizon« in der Schweiz, auf 1700 Metern Höhe, mit Blick ins komplette Rhonetal. Dort ging ich nur zwei Kilometer entfernt auf die Hotelfachschule und wohnte in einem nahegelegenen Chalet. »L'Hôrizon« besaß seinerzeit Andy Burns, ein Schotte und bis heute ein wunderbarer Freund, der der Liebe wegen in die Berge gezogen war. Er machte das genialste Käse-Fondue in der ganzen Schweiz, garniert mit der besten Musik. Bei ihm habe ich das Geschirr gespült und den Service gemacht. Nach der Schicht haben wir uns immer zusammen hingesetzt und übers ganze Tal laut Van Morrison gehört. Dabei habe ich viel über Andys schottische Heimat erfahren und realisiert, dass Musik mit Seele ebenfalls Heimat sein kann. Wenn ich mich an diese Zeiten erinnere, macht mich dies bis heute ein wenig sehnsüchtig, melancholisch, aber auch glücklich. Als Andy das Restaurant wegen der Trennung von seiner Frau und seiner

Ich kehre zu meinen Wurzeln zurück, um mich neu zu verwurzeln

damit verbundenen Rückkehr in seine Heimat dichtmachte, war das für mich ein großer Verlust.

Auch um mir ein Stück Heimatgefühl von damals zurückzuholen, kam es vor zwei Jahren zum Bau unseres Chalets, das auf der anderen Seite vom Berg liegt, eine halbe Stunde mit dem Auto über den Col du Pillon, der bis zum damaligen »L'Hôrizon« führte, entfernt. Ich kehre zu meinen Wurzeln zurück, um mich neu zu verwurzeln. Auf 1350 Metern Höhe, in der Nähe von Saanen im Berner Oberland, drum herum gibt es zwei, drei Bauernhöfe. Ich habe einen Ort gesucht, der mich runterbringt. Und dort gefunden. Für mich ist ein Berg schon Heimat. Noch mehr als das Meer. Ich würde dort gern viel Zeit mit meiner Familie verbringen, aber genauso gern möchte ich in einer Stadt bleiben – vielleicht bleiben meine Frau und ich in Hamburg oder wir ziehen auch nach Berlin, wo inzwischen unsere Tochter Paulina lebt. Am Ende macht es aber keinen Unterschied: Denn ich kann überall zu Hause sein, solange ich voll auf Sendung bin. Mit dem Sound of Heimat!

Über 200 Tage im Jahr lebt der Gründer der weltweit expandierenden Hotel-Marke aus dem Koffer. Weil Christoph Hoffmann weiß, wie es ist, heimatlos zu sein, möchte er Vielreisenden in seinen Hotels ein heimisches Gefühl geben

Bettina Landgrafe

PREISGEKRÖNTE
KINDERKRANKENSCHWESTER

»In meiner Wahlheimat Ghana werde ich als Königin verehrt

Obwohl ich deutsch bin, obwohl ich weiß bin, identifiziere ich mich mit dem afrikanischen Stamm der Ashanti. Ich sage immer: Dort habe ich meine erwachsene Kindheit verbracht. Seit 2001 lebe und arbeite ich als gelernte Kinderkrankenschwester in Afrika, wo ich »Madamfo Ghana e.V.« gegründet und aufgebaut habe. In Ghana hat Heimat sehr viel mit der Identifizierung mit einem Stamm und mit einer Region zu tun, mit den Menschen, die aus demselben Stamm kommen: in meinem Fall die Ashanti. Ich habe die ersten zehn Jahre, bevor mein Hilfsverein größer wurde und ich immer mehr für unsere Projekte umherreisen musste, in der Ashanti-Region verbracht: mitten im Busch in einem kleinen 500-Einwohner-Dorf. Dort wurde mir eine neue Heimat gegeben und eine neue Identität. Und in diesem Stamm wurde ich 2003 durch die Chiefs zur Nana ernannt. Genauer gesagt zur Nkosuoheema, Königin der Entwicklung. Mein vollständiger Name in Ghana ist Nana Afia Anim Korkor Ababio. Nana heißt übersetzt »ehrwürdige Person«, Afia ist der Tagesname für Freitag, der Wochentag meiner Geburt. Ababio bedeutet »die Zweite« – also die zweite Königin nach König Anim Korkor, dessen Stuhl ich nach seinem Tod übertragen bekam. Ich werde in meiner Wahlheimat als Königin verehrt. Da aber nicht jeder immer einen so ellenlangen Titel ausrufen kann, werden Nanas eben Nana genannt. Seit 2013 bin ich Nana für den gesamten Distrikt mit schätzungsweise 5000 Einwohnern. Anhand meiner Tracht erkennt man, dass ich eine Nana bin. Weil es nur einer bestimmten Gruppe von Menschen vorbehalten ist, bei bestimmten Gelegenheiten diese sogenannte Kente und die dazugehörigen Insignien zu tragen. Das wird respektiert, niemand würde sich diesen Stoff umhängen, wenn er nicht die Rolle und den Anlass ausfüllt. Das ist tief in der ghanaischen Kultur verankert. Genauso würde man ja in einem Abendkleid auch keine Waldwanderung machen.

Durch »Madamfo Ghana e.V.« geben wir Kindersklaven eine neue Heimat. Wir retten sie vor dem Kinderhandel, sie werden zuerst in unserem »Kinderheim Ho« untergebracht. Dann gibt es einige, die wir an Pateneltern im Land vermitteln oder für die wir mit Hilfe einer amerikanischen Organisation nach Verwandten suchen. Bis wir die Familie finden, kann es durchaus ein bis zwei Jahre dauern – solange bleiben die Kleinen bei uns im Heim. Wenn die Kinder schon älter sind, können sie mit unserer Hilfe in Ghana in ein Boarding House, also ein Internat, gehen. Es kommt immer darauf an, was für das Kind das Beste ist. Ist es so traumatisiert, dass wir es in Obhut nehmen müssen und es bei uns unter psychologischer Beobachtung bleiben muss, geht es ihm okay oder gibt es Familie? Wir haben auch Kinder, die aus Nigeria nach Ghana verkauft worden sind und nicht die einheimische Sprache sprechen. Wenn wir ihnen ein Zuhause geben, geben wir ihnen auch ein Stück weit eine Heimat. Weil

Am liebsten würde ich immer noch mitten im Busch wohnen

sie endlich erst einmal irgendwo ankommen und zu sich selber finden können. Denn Heimat steckt in ihnen drin, sodass sie mit unserer Hilfe erkennen: Wer bin ich eigentlich? Was darf mir nicht angetan werden? Die meisten sind im Alter ab vier bis zehn Jahren, wir hatten aber gerade auch ein sechs Monate altes Baby dabei.

Seit fünf Jahren bin ich selbst Mutter. Seitdem besinne ich mich viel mehr auf meine deutschen Wurzeln, um meinem Sohn auch Wurzeln zu geben. Denn Klaus ist Halb-Ghanaer. Und deshalb mache ich mir deutlich mehr Gedanken, ich möchte ihm beide Identitäten mitgeben. Ich habe jahrelang gedacht, dass Ghana meine Heimat sei. Aber meine richtige Heimat ist Deutschland, dort, wo ich geboren und aufgewachsen bin. Es ist mir unglaublich wichtig, dass er den deutschen Alltag von früh auf mitbekommt und unsere Reisen nach Deutschland nicht nur als Urlaub wahrnimmt. Deshalb ist er immer mindestens zwei Wochen im deutschen Kindergarten, sodass er ein Gefühl dafür bekommt, wie es in meiner deutschen Heimat abläuft. Wir feiern dort viele Kinderrituale, die ich damals als kleines Mädchen in Hagen auch schon zelebriert habe: St. Martin, Weihnachten und Ostern – eben auf eine deutsche Art und Weise. Deshalb fliegen wir zu diesen Festen immer nach Hause, damit Klaus diese wichtigen Traditionen miterlebt und versteht, dass es zu Weihnachten nicht nur um die Geschenke geht, sondern dass wir die Geburt Jesu feiern.

Ich möchte meinem Sohn beide Identitäten geben

Ich erziehe Klaus auf Deutsch und Englisch und versuche, ihm deutsche Disziplin mitzugeben. So wie ich es von meinem Opa gelernt hatte. Ich bin zwar bei meiner Mama aufgewachsen, aber ich war eigentlich immer bei meinen geliebten Großeltern. Da herrschte Ordnung und Disziplin. Das habe ich stark verinnerlicht. Disziplin finde ich unglaublich wichtig, weil sie dir im Leben weiterhelfen kann. Wenn du diszipliniert bist und dich durchbeißt, bringst du es im Leben weiter. Mein Opa war sehr streng, und ich bin auch sehr streng zu meinem Sohn. Ich habe ihm aus Liebe zu meinem Opa, der vor acht Jahren gestorben ist, denselben Namen gegeben.

Es gibt Heimat und Zuhause. Die richtige Heimat ist für mich Deutschland, wo ich geboren und aufgewachsen bin: Hagen und Umgebung, wo meine Familie und die Menschen leben, die mir ganz besonders wichtig sind. Wo wir, wenn ich monatelang weg war, dann so zusammensitzen, als hätten wir erst gestern noch einen Kaffee zusammen getrunken. Das kann man sich im Ausland schwerer aufbauen, gerade dort, wo ich nun lebe. Weil die kulturellen Unterschiede einfach zu groß sind. Aber mein Zuhause ist Ghana. Das fühle ich in Deutschland nicht mehr. Ich bin häufig Monate nicht dort – und wenn ich zurückkomme, fühlt es sich inzwischen ganz anders an. Ich bin einfach nicht mehr daran gewöhnt. Denn in Ghana kommt dir jeder mit einem Lächeln und einer unschlagbaren Freundlichkeit entgegen. Da grüßen sich auch alle auf der Straße. Das mag klischeehaft klingen, aber dort gehören alle irgendwie zusammen, da gibt es einen anderen Zusammenhalt. Am Hauptbahnhof in Berlin käme zum Beispiel niemand auf die Idee, mich zu grüßen. Natürlich nicht. Aber Accra ist auch eine Millionen-Metropole. Wenn ich dort jemandem »Good Morning« sage, würde der mich nicht erstaunt oder vielleicht sogar aggressiv angucken: »Wieso grüßt die mich? Die kenn ich doch gar nicht.« Dort gibt es eine deutlich größere Offenheit dem anderen gegenüber. Ich finde, dass sich die Stimmung in Deutschland ohnehin total verändert hat. Ich komme seit fünf Jahren ungefähr zweimal pro Jahr hierher. Und man merkt es ganz besonders, wenn man eben nicht so oft im Lande ist. Sonst sind die Übergänge fließender. Das ist wie bei einem Kind: Wenn man es ein halbes Jahr nicht gesehen hat, denkt man, wie groß es geworden ist – den Eltern fällt es selbst aber gar nicht auf. Ich wurde zum Beispiel direkt nach meiner Ankunft in Deutschland von einem Busfahrer angeraunzt, mich stößt das ab.

In Ghana herrscht ein ganz anderes Lebensgefühl: irgendwie karibisch, leicht

Wenn ich nach einem Langstreckenflug aus Deutschland wieder in Accra aussteige, bin ich jemand anderes. Obwohl ich mich in Accra nicht heimisch fühle, weil ich ein

Dorfkind bin und tausendmal lieber im Busch leben würde. Trotzdem spüre ich dieses ganz Besondere meist schon direkt nach der Ankunft – und das hat nichts mit Kleidung zu tun, das kommt von innen. In Ghana herrscht ein ganz anderes Lebensgefühl: irgendwie karibisch, leicht. Allein in der Flughafenkontrolle werden mein Sohn Klaus und ich begrüßt, die Menschen kommunizieren mit einer ganz anderen Offenheit miteinander. Mir fehlt es in Ghana an nichts, ich lebe dort inzwischen länger, als ich in Deutschland gelebt habe, und ich habe mich mit allen Widrigkeiten arrangiert. Nun, vielleicht fehlen mir Rituale, wie etwa Puppenspiele zu Weihnachten, jedenfalls mehr, seitdem ich Mama bin. Und mir als Bettina fehlt nur das Essen. Es ist das Brot, mit richtigem Dinkel- und Roggenteig. Das kaufe ich dann päckchenweise ein, bevor ich wieder nach Hause fliege. Oder die Spätzle-Presse mit dem dazu passenden Mehl. Seitdem ich regelmäßig samstags dieses schwäbische Traditionsgericht koche, nennt man mich in Ghana auch die Spätzle-Königin.

Direkt nach der Verleihung der »GOLDENEN BILD der FRAU« reiste die Kinderkrankenschwester von Hamburg nach Berlin für das Shooting, danach in ihre Heimat Hagen und weiter nach Frankfurt für den nächsten Investoren-Termin – zugunsten ihres Hilfsvereins (www.madamfo-ghana.de)

Mousse T.

HIT-PRODUZENT

»Deutscher? Türke? Deutsch-Türke? Fragt mich doch was Leichteres

Ich liebe meine drei Geschwister, ich liebe meine Eltern. Aber es wäre mir zu einfach zu behaupten: Meine Heimat ist meine Familie. Oder: Meine Heimat ist der Geschmack von Haydari – nur weil meine Eltern Türken sind. Je älter ich werde und je mehr ich schon in meinem Leben erlebt habe, desto mehr glaube ich: Ich muss mir meine eigene Heimat sein. Damit ich mich überall auf der Welt und egal in welcher Situation heimisch fühlen kann. Vielleicht unterschätzen viele Menschen oft ihre eigene innere

Kraft. Vielleicht glauben sie deshalb, dass sie jemanden anderes oder etwas anderes in ihrem Leben brauchen, um Geborgenheit zu spüren.

Ich bin kein nostalgischer Mensch: Mich interessiert die Vergangenheit nicht so sehr. Das Heute ist wichtig, und ich bin gespannt auf morgen. Deshalb denke ich: Es muss doch auch eine heutige Heimat geben – also alles nach deiner Erziehung, nach deiner Kindheit und nach dem, was früher dein Zuhause war. Ich finde es spannend, das herauszufinden, dass Heimat eben nicht immer damit zu tun haben muss, wo und wie du aufgewachsen bist. Ich wurde in Hagen geboren, zog dann mit meinen Eltern über Remscheid und Leer nach Hannover, wo mein Leben begann. Dort habe ich meine Infrastruktur, dort ist alles gelernt und bequem, weshalb ich dort ein sehr komfortables Leben führe. Vielleicht wird es für immer meine Heimatstadt bleiben, vielleicht ziehe ich aber auch irgendwann woanders hin.

Meine Heimat ist für mich da, wo ich mich wohlfühle. Das kann in London, New York oder auf Bali sein – wo ich Musik produziere oder auflege und mich dadurch mit den Menschen connected fühle. Oder Florenz, wo meine Ex-Frau und mein vierzehnjähriger Sohn leben. Deshalb versuche ich, einmal im Monat in die Toskana zu fliegen, um bei meinem Großen zu sein. Wenn ich ihn frage, wo seine Heimat ist, antwortet er: »Florenz und Hannover!« Wer sagt also, dass Heimat nur ein einziger Ort sein muss? Das ist doch eine Wahnsinnsmöglichkeit, an zwei Plätzen, in zwei Ländern zu leben und sich dort gleichermaßen heimisch zu fühlen.

Vielleicht unterschätzen viele Menschen oft ihre eigene innere Kraft

Ich bin immer noch auf der Suche, bedingt durch meine zwei verschiedenen Kulturen fühle ich mich sogar etwas zerrissen: Ich trage zwei Herzen in meiner Brust, dazu besitze ich einen deutschen und einen türkischen Pass. Ich spreche fließend Deutsch, aber Englisch deutlich besser als Türkisch. Für die Türken bin ich kein Türke, für die Deutschen bin ich kein Deutscher. Und wie sehe ich mich selbst, also wer bin ich und wo gehöre ich hin? Bin ich Deutscher? Türke? Deutsch-Türke? Fragt mich doch was Leichteres! Am liebsten würde ich sagen: Ich bin Europäer! Weil ich es mir dann leicht machen würde. Aber ich bin eben halb-halb mit einem größeren Anteil deutsch. Ich bin ein Beispiel für eine gelungene Integration, aber ein schlechter Vorzeigetürke. Weil ich mich einfach zu wenig in der türkischen Kultur auskenne. Über all die Jahre wächst die Sehnsucht in mir zu erfahren: Wo komme ich her, wer sind meine Großeltern? Die habe ich leider nie kennengelernt. Und jetzt denke ich eben: Wüsste ich doch mehr über die Kultur meiner Eltern, hätte ich doch einfach mehr gefragt. Mir hat bisher nie etwas gefehlt – ich bin komplett, so wie ich bin! Aber ich habe eben türkische Wurzeln und weiß da eigentlich gar nichts drüber.

Es muss doch auch eine heutige Heimat geben – also alles nach dem, was früher dein Zuhause war

Mein Vater stammt aus Ankara, ist mittlerweile 92. Er studierte in Istanbul bei einem deutschen Professor Gynäkologie und wurde Anfang der Sechziger als Gastarbeiter nach Köln geholt, weil sie dringend Ärzte brauchten. Der Wunsch meines Vaters war es immer, dass ich auch Medizin studiere. Ich fand das sehr sinnvoll und fühlte durchaus auch einen gewissen Drang. Aber noch mehr spürte ich die Leidenschaft für die Musik. Ich wusste nie, wie ich als ältester Sohn neben meinem Vater bestehen sollte. Ich fühlte mich neben ihm immer klein, es war schon eine schwere Bürde. Der Ton zu Hause war meist sehr streng: »Du musst machen! Wenn du nichts erreichst, bist du niemand!« – so wurde ich von meinem Vater geimpft. Mein Vater war der Kontrollator, der Bestimmer, der Leistungseinforderer. Sein Verhalten fand ich damals schon sehr extrem. Ich war wie ein Mini-Soldat und befolgte seine Befehle. Das brachte mich als Teenager durcheinander, weil ich eigentlich liberal und weltoffen erzogen wurde. Vielleicht ist es der Nachkriegszeit geschuldet, vielleicht kannte er es eben nur so von zu Hause. Er war sehr hart beim Austeilen von Strafen, oft setzte es die ein oder andere Backpfeife. Meine Mama war die Gefühlsquelle in unserer Familie. Sie war immer diejenige, an die ich mich wenden konnte. Wir waren uns schon immer sehr nah, vielleicht gibt es auch ein besonderes starkes Band zwischen uns, weil sie mich an ihrem Geburtstag zur Welt brachte. Im Gegensatz zu ihr konnte mein Vater kaum Gefühle zeigen, aber das versuche ich inzwischen aufgrund seiner eigenen Familiengeschichte nachzuvollziehen und zu entschuldigen: Weil er seine zwei Geschwister während seiner Schulzeit innerhalb einer Woche durch Hirnhautentzündung verloren hat. Er kümmerte sich allein um seine Mutter, die mit 25 Jahren zur Witwe geworden war, und wollte Arzt werden.

Es war ein bisschen Schicksal, dass ich kein Mediziner wurde. Weil ich mir damals als Zwanzigjähriger beim Baseballspielen mein Knie brach, konnte ich in Hannover nicht zum Wintersemester anfangen, Medizin zu studieren. Zum Sommer war ich wieder fit und begann auf Wunsch meines Vaters ein anderes Studium, damit ich »nicht nur rumhänge«. So fing ich mit Wirtschaftswissenschaften an, hörte dann aber vor dem Vordiplom auf, um meine Musik zu machen. Für mich war es wie ein Befreiungsschlag. Mein Vater war stinksauer. Dass ich damals theoretisch schon ganz gut davon hätte leben können, war ihm gar nicht klar.

Ich wusste nie, wie ich neben meinem Vater bestehen sollte

Als ich 1998 als erster Europäer für den Grammy nominiert wurde, bekam mein Vater von unserem Oberbürgermeister ein Gratulationsschreiben – also wohlgemerkt er und nicht ich –, und stand mit Tränen in den Augen vor mir: »Ich wusste ja gar nicht wirklich, was du machst!«, sagte er. Damals spürte ich das erste Mal seine Anerkennung. Mit Anfang dreißig, als ich schon lange ein erwachsener Mann war. Damals verstand ich plötzlich ganz viel über das Elternsein: dass ein Vater und eine Mutter in einer ganz anderen Welt leben und ihre Kinder ganz anders wahrnehmen. Als ich seinen Respekt spürte, wusste ich von dem Moment an, dass er sich um mich keine Sorgen mehr macht und mich akzeptiert. Ein ausgesprochen gutes Gefühl.

Zur selben Zeit fragte ich mich das erste Mal, was ich oder wer ich eigentlich bin. Bedingt durch die Presse, denn sowohl die deutschen als auch die türkischen Zeitungen schrieben: »Einer von uns ist für den Grammy nominiert« – da wurde mir das zum ersten Mal richtig bewusst, dass ich eben nicht nur das eine oder andere bin. Mit gerade mal Anfang dreißig hatte ich irgendwie Angst vor der Antwort; ich habe das Thema verdrängt und einfach weitergemacht. Über zwanzig Jahre später fange ich nun an, mich intensiver damit auseinanderzusetzen. Eigentlich bin ich urdeutsch und besitze eine strukturierte und disziplinierte Seite, trage aber die türkischen Flusen in mir, die mich impulsiver und emotionaler machen. Das Beste ist, dass ich beide Gefühlswelten zusammenbringen kann – mein deutsch-türkisches Herz schlägt für die Musik, für mich auch meine Heimat.

Mein deutsch-türkisches Herz schlägt für die Musik

Mix and Match: Um das Deutsche und das Türkische zu kombinieren, wählten wir für das Shooting eine bayerische Lederhose und einen orientalischen Kaftan – typisch für den herzlichen Star-Produzenten (»Sex Bomb«) wurde beim Shooting viel gelacht

Hartmut Engler

PUR-FRONTMANN

»Meine Heimat ist das Abenteuerland

Meine Eltern waren heimatvertriebene Flüchtlinge. Sie kamen nach Ende des Zweiten Weltkriegs beide zufällig auf getrennten Wegen ins Schwabenland: mein Vater Hans aus Ungarn, meine Mama Anni aus dem Sudetenland. Schon mit sechzehn hatte sie ihre eigene Mutter verloren, ihr Leben bestand bereits damals nur aus Arbeit auf dem Bauernhof. Als der Krieg verloren war, wurde sie in einen Zug gesteckt – genau wie mein Vater. Jeder durfte nur zwei Taschen mitnehmen. Sie mussten alles hinter sich lassen und wussten nicht, wohin die Reise überhaupt ging. Mit zwanzig und zweiundzwanzig mussten beide neu anfangen, und das in einem Land, in dem sie die ersten Wochen kein einziges Wort verstanden. Weil in Ingersheim in Baden-Württemberg so extrem geschwäbelt wurde. Dort wurden sie in wechselnde Auffanglager einquartiert: ob in der Schule oder Metzgerei – wo eben Räume frei waren und Notbetten aufgestellt werden konnten. Und dann haben sie gearbeitet, gearbeitet und gearbeitet: meine Mama in einer Matratzenfabrik, mein Vater als Rechnungsprüfer in den Deutschen Linoleumwerken.

Am Wochenende gab es Tanzvergnügen, bei dem meine Eltern sich 1946 ineinander verliebten, also was man damals unter Liebe verstand. Meine Mama beschrieb mir ihr Kennenlernen so: »Papa war ein guter Mann. Er hat nicht getrunken, er hat nicht geschlagen, er war zuverlässig. Ich mocht' ihn halt!« – die große Romantik war in dieser Zeit weniger entscheidend. Sie lebten noch in beengten Unterkünften bei anderen Leuten, als 1949 mein Bruder Hans-Peter und vier Jahre später meine Schwester Ute geboren wurden. Ich war 1961 das erste von drei Kindern, das im eigenen Heim auf die Welt kam. Meine Eltern hatten bei Minimalstlöhnen immer gespart und gespart und es auf diese Weise tatsächlich geschafft, ausreichend Geld beiseitezupacken, sodass sie sich in Ingersheim ihr eigenes Haus bauen konnten. Mich gäbe es eigentlich gar nicht, hätte meine Mutter nicht zwei Jahre vor meiner Geburt meinen ungeborenen Bruder verloren. Weil sie zu stark auf der Baustelle mitgeholfen hatte, war ihr im fünften Monat das Kind abgegangen. Das Lied »Winter 59« habe ich meinem verstorbenen Bruder gewidmet. Hätten wir uns geliebt, gemocht? Ich werde es nie erfahren. Aber ich weiß, dass ich nicht auf die Welt gekommen wäre. Weil meine Eltern immer nur drei Kinder haben wollten. Ich war 1961 also der Heilsbringer, der die Familienplanung meiner Eltern doch noch erfüllte. Das fand ich erst vor zehn Jahren in einer Familienaufstellung heraus. Ich hatte über all die Jahre immer im Gefühl, dass da was war, aber typisch für die Nachkriegsgeneration meiner Eltern wurde da nicht großartig drüber geredet. Ich fragte immer und immer wieder nach, weil es auch kein Grab gab. Irgendwann hieß es

Aus meiner Sicht bin ich kein richtiger Schwabe

dann nur: »Du hättest vielleicht ein Brüderchen gehabt.« Weil die Trauer um den Verlust so groß war, war die Freude unbeschreiblich, als meine Mutter noch mal einen Bub bekam. Ich wurde verhätschelt, und ich wurde der Harmoniemittelpunkt, da in meiner Familie viel gestritten wurde: mit meinem aufmüpfigen, pubertären Bruder und mit meiner Schwester, die dazu herangezogen wurde, meine zweite Mama zu sein.

Mittagessen waren Dramen bei uns. Meistens ging es um den Papst. Mein Vater war papsthörig und wollte uns seine Ansichten aufdrängen: Was der Papst sagte, war Gesetz. Mein Bruder war ein Revoluzzer, ging immer dagegen an, meinen Vater brachte das zur Weißglut. Ich wurde dadurch relativ früh politisiert, mein Interesse wurde durch die Diskussionen geweckt, die mein Bruder mit meinem Vater führte. Und natürlich stand ich grundsätzlich immer auf der Seite meines Bruders. Allein um meinem Vater eins auszuwischen. Weil er mich immer bestrafte, wenn ich nicht aufaß. Wenn ich von der Schule kam und mir der merkwürdige Geruch von der ungarischen Stachelbeersoße nach dem Rezept meiner Oma in die Nase kroch, war es bei mir schon vorbei. Ich konnte es wirklich nicht ausstehen und beim besten Willen nicht essen. Ich war ohnehin kein guter Esser. An den Wochenenden, wenn mein Vater nicht arbeiten musste, konnte das eskalieren. Dann musste ich so lange sitzen bleiben, bis der Teller leer gegessen war. Was ich nie tat, ich wartete immer, bis meine Mutter meinen Vater ablenkte und heimlich das Geschirr abräumte. Aber bis dahin konnte es eine halbe Stunde oder Stunde dauern. Da saß ich dann und starrte die Wand an, an der ein rundes Holzschild hing, das Ute meiner Mutter aus ihrem Finnland-Urlaub mitgebracht hatte: Und weil ich da so oft und so lange sitzen musste, kann ich den finnischen Text bis heute auswendig.

Wenn es meinen Bruder gäbe, gäbe es nicht mich

Als ich klein war, wohnten wir zu fünft auf sechzig Quadratmetern, ich teilte mir mit meiner Schwester ein Zimmer. Über uns wohnten noch andere, damit wir unser Siedlungshaus refinanzieren konnten. Gegenüber war der Kindergarten, daneben der

Fußballplatz, dahinter die Grundschule. In den Sommerferien ging es für mich ins nahe gelegene Freibad. Da wir kein Auto hatten, mussten wir immer zu Fuß gehen. Der Marsch am Sonntagmorgen in die nächste katholische Kirche gehörte genauso dazu wie der Spaziergang am Nachmittag durchs Dorf. Bis ich aufs Gymnasium nach Bietigheim-Bissingen kam, lief in diesem Umkreis von gerade mal zwei Kilometern meine gesamte Kindheit ab.

Als ich mit siebzehn auf dem Sozius von meinem Bandkumpel Roland nach Frankreich fuhr, spürte ich zum ersten Mal so was wie Freiheit

Mit fünfzehn wurde mein Radius langsam, aber sicher immer größer. Mit meinem eigenen Mofa war ich nicht mehr auf den Bus angewiesen und konnte nach Bietigheim fahren, wann ich wollte. Ab dem Alter konnten mir meine Eltern sowieso nichts mehr sagen. Damals stieg ich in die Band ein und probte bereits dreimal abends in der Woche – und sie hatten es auch akzeptiert. Zum einen weil meine Noten nach wie vor stimmten, das half mir, Freiraum für meine Musik zu schaffen. Zum anderen hatte mein Bruder all die Jahre zuvor bereits die Gefechte geführt, mein Vater war erschöpft vom Kämpfen. Sukzessive erweiterte ich meinen Horizont. Dadurch, dass ich aus finanziell engen Verhältnissen kam, war ich auch nie im Urlaub, wir unternahmen höchstens Verwandtenbesuche bis hoch nach Nordrhein-Westfalen. Genauso wenig war ich bis dahin je in einem China-Restaurant oder in einer Pizzeria gewesen. An meiner Kommunion gab es einen schwäbischen Braten, vorneweg Suppe mit Flädle, das waren meine Highlights. So richtig blühte ich erst durch die Band und die Musik auf.

Als ich mit siebzehn auf dem Sozius von meinem Bandkumpel Roland nach Frankreich zum Campen fuhr, spürte ich zum ersten Mal so was wie Freiheit und Abenteuer und fühlte mich mehr denn je zu Hause. Deshalb glaube ich heute, dass Heimat am schönsten ist, wenn man sie in sich selbst spürt. Die Heimat, die abrufbar ist, wenn du es willst, weil du sie in dir trägst und sie eben nicht an einen bestimmten Ort gebunden ist. Meine Heimat ist das Abenteuerland in all seinen Formen: die Kreativität, die Musik, die Auszeit vor den Zwängen, die einem täglich begegnen, die Reisen – die Wahrnehmung in ihrer besten Form, die immer und überall möglich ist. Diese innere Ruhe, diese innere Heimat stellt sich wohl dort am besten ein, wo du dich am wohlsten fühlst. Und mein Zuhause ist Bietigheim-Bissingen. 1996 zog ich im Zuge des Erfolges unseres PUR-Albums »Abenteuerland« aus meinem ersten Haus in Ingersheim aus, das ich im Garten meiner Eltern gebaut hatte. Die Wohnsituation entwickelte sich plötzlich so, dass angereiste Fans ums Karree liefen und am Sonntag klopften, ob sie denn bei mir Kaffee trinken könnten. Da hatte ich einfach das Gefühl, dass ich meine Frau Claudia, meine beiden Söhne Felix und Philip und auch mich selbst schützen musste. Also kaufte ich uns ein wunderschönes und kaum einsehbares Haus am Ende einer Sackgasse in Bietigheim. Es ist schon überschaubar dort, aber eben lange nicht so eng wie Ingersheim. Ich wohne sehr gern in »Beverly Bietigheim«, wie es einmal in einem Zeitungsartikel genannt wurde.

Ich freue mich immer aufs Nachhausekommen, aber aus meiner Sicht bin ich kein richtiger Schwabe. Ich bin zwar dort geboren, aufgewachsen und lebe dort noch, aber meine sprachliche Sozialisation fand durch meinen Papa und meine Mama statt. Er sprach ein Ungaren-Deutsch mit starkem Akzent, sie konnte ihren Heimat-Dialekt nie durch Schwäbisch eintauschen. Die Einzigen, die richtig geschwäbelt haben, waren meine Spielkameraden, und Hochdeutsch lernte ich aus der Tagesschau. So habe ich einen Sprachmischmasch aufgenommen. Wenn der Zufall es anders gewollt hätte, wäre ich woanders aufgewachsen. Wenn meine Eltern sich nicht in Bietigheim-Bissingen, sondern in Berlin kennengelernt hätten. Dann wäre ich vielleicht sogar ein Großstadtmensch geworden. Sozialisation ist da ganz entscheidend. Aber meine Eltern sind von Haus aus Dörfler, die hätten sich in Berlin bestimmt nicht wohlgefühlt. Ich bin auch niemand, der in einer Großstadt leben könnte – ich werde nach drei Tagen wahnsinnig;

Wir wohnten zu fünft auf sechzig Quadratmetern

zu viele Menschen, zu wenig Platz. Ich mag das nicht, ich will dann ganz schnell weg. Stuttgart ist noch erträglich, genauso Palma de Mallorca.

Mit zunehmendem Erfolg und Geld haben sich bei mir dennoch ein paar Macken gehalten. Mir fällt es nach wie vor schwer zu ertragen, wenn Menschen zwanzig Minuten duschen. Weil wir als Kinder immer zu zweit gebadet haben. Ich würde auch nie alle Lichter im Haus brennen lassen, darauf mussten wir auch schon von klein auf achten. Was ich aber zum Glück nie geworden bin: geizig. Ich gebe mein Geld gern aus, weil ich begreife, dass Geldfluss wichtig für unseren wirtschaftlichen Erfolg ist und Leute, die auf ihrem Ersparten sitzen bleiben, nicht gut für die Volkswirtschaft sind. Wenn ich weiß, dass der mir gegenüber deutlich weniger Geld als ich verdient, dann zahle ich das Essen, weil es mir nicht wehtut. In mein Haus auf Mallorca, das ich mir 1996 gekauft habe und wo ich mich auch heimelig fühle, dürfen sich zum Selbstkostenpreis Freunde, Bekannte und Familie in die Liste eintragen. Mir gibt es ein gutes Gefühl, wenn ich anderen etwas geben kann.

Heimat ist am schönsten, wenn man sie in sich selbst spürt

Ich wurde als bettelarmer Student von Peter Maffay inspiriert. Nachdem ich 1987 mit ihm Songs geschrieben hatte, lud er mich ein, mit meiner damaligen Freundin bei ihm auf Mallorca zu wohnen. Egal wann, ich sollte einfach nur Bescheid geben. Aber ich traute mich nicht, weil er für mich so ein großer Popstar war. Ich dachte nur: Oh Gott, der hat bestimmt eine Villa, ich wohne im zweiten Stock bei meinen Eltern – damit kann ich nicht umgehen. Und was ist, wenn ich da etwas kaputt mache? Um Gottes willen! Viele Jahre später wurde mir erst klar, dass ich dumm war – ich hätte das Angebot einfach annehmen sollen. Meine Ausrede war damals, dass es zeitlich nicht passte …

Bis heute hab ich mit zunehmendem Geldverdienen Probleme damit einzuschätzen, was okay und was fair ist, wofür viel und wofür wenig Geld auszugeben. Dieses Extrem von dem sehr sparsamen Aufwachsen bis zu dem üppigen Wohlstand, den ich erreicht habe, ist manchmal sehr befremdlich. Heimatvertriebene Eltern geben ihr

Trauma natürlich ein Stück an ihre Kinder weiter. So wäre es für meinen Vater und meine Mutter undenkbar gewesen, ihr Eigenheim zu verlassen. Das sie sich so mühevoll neu geschaffen hatten. Meine Mutter hatte nur ein Ziel: wie der Papa zu Hause zu sterben. Ihr Wunsch ging leider nicht in Erfüllung, weil sie die letzten Monate vor ihrem Tod bereits sehr dement war. Wir mussten sie in einem Pflegeheim unterbringen, das sie zu ihrer eigenen Sicherheit nicht verlassen konnte. Das war für sie und auch für uns Kinder sehr dramatisch. Die letzten Monate hätte sie sich und uns bestimmt gerne erspart, wenn sie nur gekonnt hätte. Ich glaube, es würde ihr sicherlich gut gefallen, dass wir ihr Zuhause seit zwei Jahren an syrische Flüchtlinge vermietet haben. Also das Haus, das zwei Heimatvertriebene Ende der Fünfzigerjahre gebaut haben. So schließt sich ein Kreis.

Vor seinem Urlaub und vor der großen Open-Air-Tournee mit PUR nahm sich der Frontmann Zeit, um am Flughafen in Stuttgart über seine Heimatgefühle zu sprechen. Für das Shooting in Berlin wählte Hartmut Engler symbolisch für sein Heimatgefühl den roten Gehrock aus dem »Abenteuerland«-Video von 1995

Ilka Peemöller

JOURNALISTIN

»Auf dem Dorf habe ich das Gackern gelernt

Ich bin eine schleswig-holsteinische Bauerstocher. Und ich bin das, was man früher auf'm Dorf »eine gute Partie« nannte, weil mein Vater ein paar Hektar mehr besaß und dazu ein John Deere und ein MB-Trac in der großen Scheune standen. Quasi ein Trecker-Fuhrpark. Darauf fuhren die Jungs im Dorf natürlich ab. Ich selbst saß zur Ernte gern neben Hanni, der bei uns auf dem Hof lebte und arbeitete. Gott hab ihn selig. Zur Erntezeit fuhr ich immer mit ihm aufs Feld – mit einer Stulle und einem Becher Milch in der Hand. Dabei wurde nie viel geredet, es lief meist Radio Schleswig-Holstein – und bei dem Geruckel schlief ich als lütte Deern in der Regel glücklich ein. Mit »den

Rummelsbergern«, Tuddel, Fabian, Niels und Dierk – benannt nach der Straße, in der sie alle wohnten –, spielte ich im Wald Räuber und Gendarm oder baute bei uns auf dem Strohboden Höhlen und spielte darin Verstecken. Es waren die Achtziger, es war die Zeit, in der meine Mutter Ilka mit meinem großen Bruder Björn und mir in den Sommerferien in unsere Einzimmerwohnung nach Sylt fuhr und mein Vater Ernie uns an den erntefreien Wochenenden besuchte. Eine sehr unbeschwerte und erfüllte Zeit, an die ich gern zurückdenke.

Ich bin nordisch by nature und sehr stolz auf meine Wurzeln. Meine Heimat ist das Land der Horizonte. Bei uns ist nicht nur alles platt, hier wird auch gern Platt geschnackt. Deshalb fühle ich mich dort zu Hause, wo die Vokale ganz besonders lang gezogen werden. Wo man plietsch statt schlau sagt, wo man mucksch ist statt eingeschnappt. Hier kann ich schnacken, hier kann ich sein! Wenn mein Papa über'n spitzen Stein stolpert, tanzt mein Herz. Im hohen Norden zählt das gesprochene Wort, deshalb kann ich sogenannte Sabbelköppe – die ihrem Versprechen keine Taten folgen lassen – nicht leiden. In meiner Heimat sind Aufrichtigkeit, Geradlinigkeit und Verlässlichkeit Ehrensache – genau diese Werte haben mir meine Eltern mitgegeben. Vielleicht polter ich manchmal etwas zu sehr, bin zu direkt in meiner Art, und mir fehlt die Grazie, aber man kann aus einer Bauerstochter nun mal keine Balletttänzerin machen.

Ich bin nordisch by nature

Weil mir meine Heimat selbst so sehr am Herzen liegt, wollte ich zu diesem persönlichen Thema immer schon ein Buch veröffentlichen. Es ist mein Herzensprojekt. Auslöser waren ältere Bewohner aus meinem Heimatdorf Schönberg, mit denen ich auf einer Feier meiner Mutter – sie trommelte mit ihrer herzlichen und geselligen Art immer schon gern Menschen zusammen – im Pferdestall zusammensaß. Wir schnackten über früher, einer von ihnen war Hermi Witten. Bei Witten auf dem Hof an der Hauptstraße fanden meist die Kinderfeste statt. Ein dörfliches Großereignis, worauf ich als Mädchen schon Wochen im Voraus hinfieberte. Weil ich immer davon geträumt hatte, als Kinderfest-Königin mit der rosafarbenen Schärpe in der Pferdekutsche zu sitzen. Für diesen besonderen Tag wurden die Anziehsachen »für gut« aus dem Kleiderschrank geholt, die Haare zu Zöpfen geflochten und mit frisch gestärkten Schleifen dekoriert. »Klein-Ilka« sah aus wie aus dem Ei gepellt, aber die weiße Hose oder das weiße Kleid hatte am Ende des Tages durch das Rumtoben mit »den Rummelsbergern« immer Flecken – ob in Grün vom Gras oder in Rot vom Ketchup der »Vier Kleinen« von Schlachter Ehlers' Wurststand. Zur Königin schaffte ich es leider nie, ich war bei den Spielen nie schnell und auch nie geschickt genug. So saß dann ein anderes Dorfmädchen neben meinem Traumprinz Tuddel. Dafür gewann ich immer die Pferdewettrennen auf dem Stoppelfeld mit meinem Araber Amigo – man kann eben nicht alles haben im Leben … Jedenfalls erzählte Hermi Witten mir »Klein-Ilka«, die damals schon längst in Berlin lebte, Geschichten aus seiner Jugend. Wie er mit seinem Konfirmationsgeld das erste Mal in Lübeck »so richtig die Puppen tanzen ließ«. Dieser Klönschnack bei »ner Tass Kaff« und ein, zwei Lütten – wie wir im Norden zu Schnäpsen sagen – hinterließ ein wohliges Heimatgefühl. Und mir wurde klar, dass ich mit Menschen darüber sprechen möchte, was ihnen ihre Heimat bedeutet, wer für sie ihre Heimat sein kann. Und vor allem, dass ich ihre Geschichten aufschreiben möchte, bevor es womöglich zu spät ist.

Wenn mein Papa Ernie über'n spitzen Stein stolpert, tanzt mein Herz

Wozu bin ich schließlich Journalistin geworden? Ich hätte auch einen ganz anderen Weg einschlagen können: Als ich volljährig war, machte mir ein Bauer aus der Dorfstraße in Schönberg mit Rosen und einer handgeschriebenen Karte den Hof. Darauf war fein säuberlich eine Auflistung seiner Windmühlen im Osten und seiner Hektar in nah und fern zu lesen. Sein letzter Satz lautete wortwörtlich: »Wenn wir heiraten, kannst du Gutsherrin werden!« Das nenne ich mal norddeutsche Romantik vom Feinsten! Dass ich weder melken noch misten konnte (und schon gar nicht wollte), war dem damals schon nicht mehr ganz so jungen Mann gar nicht bewusst. Aber er wollte sicherlich nur mein, äh, sein Bestes.

Humor sollte immer über dem Ganzen schweben – das hat mir meine Mutsch beigebracht. Man kann also sagen: Das Gackern habe ich auf dem Dorf gelernt. Ich wurde schon öfter gefragt, weil ich meistens sehr viel und sehr oft und auch sehr laut lache, was sie mir als Kind nur in die Milch getan haben? Meine Antwort ist bis heute immer dieselbe: einen Extraschuss Liebe, Vertrauen und Fröhlichkeit. Und vielleicht auch eine Prise Verrücktheit. Sonst hätte ich doch niemals im Showgeschäft landen können. Zwanzig Jahre mache ich nun schon diesen Zirkus mit. Ich habe einfach die Bühne getauscht, schließlich ging es bei uns auf dem Bauernhof auch immer schon tierisch ab: Mein kleiner Bruder Thore drehte schon als Achtjähriger für die ersten Fahrstunden im alten Fiat Panda ein paar Runden um die Silos – mit den Hühnern auf der Rückbank und seinem Dackel Peggy auf dem Beifahrersitz. Frei zu dem Dorflied »In Ritzerau ist der Himmel blau, da tanzt der Ziegenbock mit seiner Frau« wurde bei uns im Stall dann und wann ein Tänzchen mit unserem Bock namens »Dübel« (weil er alles fraß, was nicht niet- und nagelfest war) gewagt. Unser 250-Kilo-Sattlerschwein Frau von Zitzewitz machte auf Kommando Sitz und legte sich beim Schlachtruf »Feierabend!« lang.

Heimat ist dort, wo ich verstanden werde

Heimat ist dort, wo ich verstanden werde. So müsste es im Plattdütschen eher »Wo geiht di dat?« statt »Wie geiht di datt?« heißen. Als Teenager wollte ich nichts wie raus aus unserem kleinen Dorf. Auf dem Bauernhof zwischen Hamburg und Lübeck träumte ich von der großen weiten Welt. Inzwischen habe ich alle Kontinente bereist, lebe seit knapp zehn Jahren in Berlin, und meine Sehnsucht wächst von Jahr zu Jahr – nach mehr Grün und nach mehr Meer, nach meiner Familie und meinen Freunden von früher. Mit denen ich seit dreißig Jahren befreundet bin, meine Dörbn-Gang, wie wir uns vom Dörp nennen. Uns eint unsere Herkunft, uns einen unsere gemeinsamen Erlebnisse. Als Kinder, als Teenager, als wachsende Menschen. Ohne unser Gestern würd' ich mich heute nicht so auf morgen freuen, um es mit einer Songzeile von Johannes Oerding zu sagen. Wir haben uns in einer Zeit kennengelernt, in der uns das Dorfleben verband, bevor der eine oder andere Karriere machte. Bis heute spielt bei uns die Rolle nach außen keine Rolle in unserem Miteinander. Weil es nicht um Profilierung und Darstellung geht, weil jeder den anderen kennt und schätzt, wie er ist – mit all seinen Macken und Spleens. Wo man so sein kann, wie man will. Und so sein darf, wie man ist. Mit all seinen Schwächen. Freundschaft, das ist auch wie Heimat.

Ente gut, alles gut!
Autorin Ilka Peemöller und Fotograf Philip Nürnberger nach ihrem letzten von 36 Foto-Shootings innerhalb von anderthalb Jahren

DANKSAGUNG

Herzlichen Dank für die großartige Unterstützung an …

… und Stephanie Taverna und die Goldmann-Girls, Irmi Keis, Rita Serra-Roll, Lars Amend, Norbert Neef, Jörg Offenhausen, Philip Redlich, Malte Biss, Markus Heidemanns, Alfred Draxler, Jeannine Platz, Stefan Strumbel, Katrin Wrobel, Knueppel & Compagnon, Spiegelberger Stiftung, Meissen Porzellan, Bavarian Outfitters, Matheis Casting, Hotel Zoo Berlin, Hotel de Rome, Hotel Atlantic Kempinski Hamburg, Gastwerk Hotel Hamburg, Scandic Berlin Potsdamer Platz, B&B Dei Serafini (Polignano a Mare), Cucina in Masseria (Mola di Bari)

Und ganz besonders möchte ich mich bei meiner Familie und meinen Freundinnen und Freunden (YOU ALL KNOW WHO YOU ARE) für ihre Kraft, ihr Verständnis und ihre Unterstützung auf allen Ebenen bedanken – weil Ihr immer an mich und meine Buchidee geglaubt und mich immer wieder darin bestärkt und unterstützt habt, meinen Weg (mit den vielen Stolpersteinen) zu gehen.

Und danke, mein Matthis, für Deine Liebe und Unterstützung – wir haben uns nicht gesucht, aber genau zur rechten Zeit gefunden. Du bist für mich meine neue Heimat.

Ohne Euch Herzensmenschen würde es mein Herzensprojekt nicht geben!

Sollte diese Publikation Links auf Webseiten Dritter enthalten, so übernehmen wir für deren Inhalte keine Haftung, da wir uns diese nicht zu eigen machen, sondern lediglich auf deren Stand zum Zeitpunkt der Erstveröffentlichung verweisen.

Dieses Buch ist auch als E-Book erhältlich.

MIX
Aus verantwortungsvollen Quellen
FSC® C005833

Verlagsgruppe Random House FSC® N001967

1. Auflage
Originalausgabe September 2019

Konzeption, Texte & Fotoideen: Ilka Peemöller
Umschlaggestaltung: UNO Werbeagentur München
Fotos: Philip Nürnberger
S. 184: Strumbel, Stefan: »What the Fuck is Heimat« © VG Bild-Kunst, Bonn 2019
Lektorat: Antje Steinhäuser
Satz: Buch-Werkstatt GmbH, Bad Aibling
Druck und Bindung: Tesinska Tiskarna
Printed in the Czech Republic
ISBN 978-3-442-31532-1
www.goldmann-verlag.de

Besuchen Sie den Goldmann Verlag im Netz